Blogger – eine schrecklich nette Familie

Tipps von Bloggern für Blogger

Thomas Scherner

FEED FABRIK

Inhalte dieses Buches stammen aus den Blogs
http://www.blogger-world.de/ & http://www.online-cash.org/

Aus den Blogs hat **FEED FABRIK** automatisch dieses Buch generiert.

ISBN: 978-3-86850-822-2
Verlag: tredition GmbH
Printed in Germany

Contents

Falsche Erwartungen an einen Blog? 1
Der Blogger als Diskussionsleiter 5
Kommentare – was man beachten sollte! 8
Twittern Bloggen Geld verdienen Part I 11
Twittern Bloggen Geld verdienen Part II 12
Twittern Bloggen Geld verdienen Part III 13
Twittern Bloggen Geld verdienen Part IV 15
Twittern Bloggen Geld verdienen Part V 17
Twittern Bloggen Geld verdienen Part VI 19
Twittern Bloggen Geld verdienen Part VII 20
Blogging for Top or Flop 22
Blogging Titel for Top or Flop 24
Blogging Artikel Part I for Top or Flop 26
Blogging Artikel Part II for Top or Flop 29
Blogging Artikel Part III for Top or Flop 32
Blogging Artikel Part IV for Top or Flop 34
Liegt die Würze in der Kürze? Oder sind lange Artikel besser? 36
Hallo Blogger – Sei authentisch! Sei du selbst! 39
Kein Augenkrebs für Blogleser bitte! 42
Papierkorb schonen: Gastartikel schreiben und anbieten 44
Kooperatives bloggen oder Content Sharing 49
Die magische Anziehungskraft von Listen 51
Wochenende: Bloggen oder nicht bloggen? 53
Blogging SEO Titel for Top or Flop 55
10 Schritte zur Traffic Blog Serie Part I 57
10 Schritte zur Traffic Blog Serie Part II 59
10 Schritte zur Traffic Blog Serie Part III 61
Reich werden im Internet – die Sprüche der Möchtegern-Paid4-
Experten 62
Just-Cash.de – ein Paidmailer der alten Garde 67

Neuer kostenloser Bloghoster für Bloganfänger ohne Vorkenntnisse 68
MyLinkState.com – Geld verdienen und Links tauschen 71
Kostenloser Blog mit Nebenverdienst bei Overblog.de 72
Hallimash.com – Blog for Cash! 74
Autoregger – Fluch oder Segen? 75
CaptchaAd.de – neue Werbeform für Webmaster 78
Internationaler Paidmaildienst mit bezahlten Bonusaktionen . 80
Mailgold.de – Frisch gestarteter Paidmaildienst 82
Webele.de – ein vielversprechender neuer Mailer 84
Adsense Sharing als Verdienstmethode 85
AdShopping.com bietet Werbeplatzvermarktung 88
Reich durch eBook-Strategien aber kein Geld für den Internetauftritt? 90
Blogger als Buchautor – eine offline Einnahmequelle 92
ProfiWIN Partnerprogramm: Lukrative Provision für Webmaster 94
Usemax.de hilft die Homepage zu vermarkten 96
Professionelle Linkvermarktung mit Teliad 97
Das Partnerprogram Netzwerk SuperClix 99
Die Neue Werbeplattform BWADS24.com 102

Falsche Erwartungen an einen Blog?

Viele Leute werden erst auf das Thema Blog aufmerksam wenn sie nach Methoden suchen um mit dem Internet ein wenig Geld zu verdienen. Findet sich doch bei vielen Affiliate-Anbietern und anderen Vermarktern mittlerweile sehr häufig irgendeine Notiz speziell für Blogger. Ausserdem stößt man auf der Suche nach entsprechenden Informationen zum Geldverdienen sehr häufig auf Blogs die solche Informationen anbieten. Es liegt für manchen also recht nah es selbst mit einem eigenen Blog zu probieren.

Wer ein wenig recherchiert findet zudem auch schnell einige Erfolgsgeschichten einzelner Blogger, die monatlich einen angenehmen Verdienst mit ihrem Blog erwirtschaften. Hinter diesen Erfolgsbloggern stecken in den meisten Fällen professionelle Internet-Marketer. Besonders im Amiland findet man dann viele Blogs die Aussagen wie "*How I made \$2000 every month*" und ähnliches bieten. Wer solch einer Aussage dann nachgeht landet häufig auf einer Seite auf der es ein eBook zu bestellen gilt. Ich stelle jetzt einfach mal die Behauptung in den Raum das viele professionelle Internet-Marketer wie Drogendealer arbeiten. Gedealt wird mit Träumen und Erwartungen was man mit einem Blog alles erreichen kann. Informationen über das "How to" werden häufig nur sparsam als Probe-Häppchen ausgegeben, wer die *"volle Erfahrungs-Dosis"* seines bevorzugten Gurus haben möchte muss ein eBook kaufen. Natürlich arbeiten nicht alle so, ich möchte das auch keinesfalls verallgemeinern, es gibt viele tolle Blogs in denen sämtliche Informationen zum Thema Blog/Blogger werden gut aufgearbeitet wurden. Aber es gibt eben auch ein paar dieser Dealer.

Wer nun an einen dieser Dealer gerät um dort seine ersten Informationen zum Thema Blog zu sammeln wird oftmals lesen wie einfach doch alles ist. Generell ist bloggen auch nichts schwieriges, aber ganz so einfach wie es manchmal dargestellt wird ist es in meinen Augen auch nicht. Deshalb möchte ich hier jetzt mal ein paar falsche Erwartungen an einen eigenen Blog zerstören.

Als Blogger muss ich einfach nur schreiben!
Theoretisch richtig, aber nicht für einen Blogger der mit seinem Blog etwas Geld verdienen möchte. Es ist richtig, der Artikel ist in jedem Fall das Endresultat welches auf dem Blog sichtbar wird, aber es steckt etwas mehr dahinter. Als erstes erfordert ein Artikel immer Recherche, ausser man schreibt nur über rein private Belange. Wer etwas anderes erzählen möchte muss recherchieren und die Informationen passend zusammenstellen. Im Idealfall stellt ein neuer Artikel für die Leser einen Mehrwert dar indem sie neue nützliche Dinge erfahren. Für solch einen Artikel geht Zeit ins Land, die wenigsten können so etwas aus dem Ärmel schütteln. Ausserdem gibt es als Blogger noch weitere Arbeit, ein Blog wird in den seltensten Fällen von alleine bekannt. Neue Leser gewinnt man unter anderem durch Kommentare auf anderen Blogs, durch Social Bookmarks oder diverse andere Aktionen zum Linkbuilding. Richtig erraten, auch das kostet Zeit. Bloggen ist also definitiv mehr als einfach nur schreiben.

Als Blogger kann ich schreiben worüber ich möchte!
Ebenfalls theoretisch richtig. Man sollte sich schon einen gewissen Themenbereich abstecken und über Dinge berichten mit denen man

sich auskennt. Man kann immer mal mit einem Artikel aus dem Rahmen fallen, das ist auch gar nicht verkehrt. Es empfiehlt sich aber den eigenen Blog einer gewissen Thematik zu widmen, dabei darf man auch großzügig sein und zum Beispiel ein Blog über das Internet führen. Blogs die über alles und jeden schreiben haben auch definitiv ihre Berechtigung, kein Zweifel. Aber mit Hinsicht auf Verdienst und Co. ist ein Themenblog vielversprechender.

Als Blogger habe ich auf jeden Fall Erfolg, wenn ich gute Artikel schreibe!

Gut recherchierte oder interessante Artikel sind in meinen Augen die Grundvoraussetzung. Aber was bringen die tollsten Artikel wenn sie niemand liest? Es gilt ebenso dem Internetvolk die eigenen Artikel schmackhaft zu machen. Da kommen die erwähnten Kommentare auf anderen Blogs und ähnliches wieder auf den Tisch. Gute Artikel sind also sehr wichtig, aber sie bedeuten nicht automatisch den gewünschten Erfolg zu haben. Neben den Artikeln und der Vermarktung selbiger spielt auch die Optik eine Rolle.

Mit einem optisch hochwertigen Layout bin ich als Blogger direkt auf der Gewinnerstraße!

Weit gefehlt. Ein ansprechendes Layout ist aber eine wichtige Komponente, die besten Artikel sind nutzlos wenn sie in einem absoluten Schmuddellayout eingebettet sind. Ebenso bringt es nichts absolut uninteressanten Inhalt in einem hochwertigen Theme zu verbreiten. Ein guter Blog zeichnet sich durch an ansprechendes Layout mit guter Usability[1] aus. Jedoch muss ein Layout nicht zwingenderweise so wirken, als würde man sich einen Webdesigner als Sklaven im Keller halten. Auch ein sehr schlichtes Layout kann überzeugen.

Als Blogger habe ich ein einfaches Einkommen

Auch wenn man die vorherigen Punkte beachtet ist das immer noch kein Garant für ein wirkliches Einkommen mit dem Blog, bei den meisten wird es wohl in einem aufgewerteten Taschengeld enden. Auch wer sich bemüht wird merken das es keinesfalls einfach ist. An diesem Punkt angekommen überdenken viele ihren Blog, und so mancher hängt die abgenutzte Tastatur sprichwörtlich an den Nagel.

---

[1]http://www.online-cash.org/treue-besucher-durch-bessere-usability

Wer seinem Blog jedoch neben dem kleinen Verdienst auch etwas anderes abgewinnen konnte, nämlich den Spaß am schreiben und die neuen Kontakte in der Blogosphäre, wird weitermachen.

Mein Blog generiert weiterhin passives Einkommen auch wenn ich nicht mehr schreibe

Das ist nur zum Teil richtig. Der Blog bleibt zwar, sofern man ihn nicht vom Netz nimmt, weiterhin 24 Stunden am Tag erreichbar, aber letztendlich muss man sagen dass ein Blog von Aktivität lebt. Natürlich werden durch Suchmaschinen-Benutzer immer wieder Besucher auf alte Artikel stoßen und dort ggf. auch einen kleinen Umsatz generieren. Aber sich auf dem erschaffenen Content auszuruhen und Geld im Schlaf zu verdienen geht in meinem Augen nicht. Irgendwann ist der geschriebene Content einfach überaltert.

Ich hoffe ich konnte zeigen das ein Blog nicht automatisch eine Geldmaschine wird, auch nicht wenn man sich intensiv bemüht und den Ratschlägen der Spitzenverdiener folgt. Für den Hobby-Surfer empfiehlt es sich wohl die eigene Erwartung an einen Blog von Anfang an zu überdenken und sich überraschen zu lassen. Bloggen macht Spaß, aber die Garantie für einen Verdienst gibt es nicht. Auch wenn man alles beachtet was als Weisheit für "Erfolg und Verdienst mit dem eigenen Blog" so angeführt wird, letztendlich spielt in meinen Augen auch Fortuna eine große Rolle in diesem Spiel. Wie ein weiser Fussballspieler einmal gesagt hat: *"Nicht den Sand in den Kopf stecken"*. Auch wenn der Erfolg nicht über Nacht kommt, ich finde man sollte trotzdem engagiert an seinem Blog weiterarbeiten, auch wenn es nur Hobby mit Taschengeld-Verdienst ist.

Verwandte Artikel:

1. Kostenloser Blog mit Nebenverdienst bei Overblog.de[2]

2. Weihnachtsstimmung auf dem Blog – Schneefall Plugin Let it Snow![3]

---

[2]`http://www.online-cash.org/kostenloser-blog-mit-nebenverdienst-` ↩
`bei-overblogde/`

[3]`http://www.online-cash.org/weihnachsstimmung-auf-dem-blog-` ↩
`schneefall-plugin-let-it-snow/`

3. Blogparaden, Stöckchen und Blog-Awards[4]

4. Faden verloren im Bonbonladen Internet[5]

5. Ein paar Gedanken zu meinem Blog[6]

6. Blogkommentare sind auch Vorstellungsgespräche[7]

Der Blogger als Diskussionsleiter

Der Blogger an sich freut sich ja über jeden Kommentar der auf seinem Blog eintrudelt und über jede Diskussion die unter seinem Artikel ausgefochten wird. Deshalb muss auch jedem der anfangen möchte zu bloggen bewusst sein das die Arbeit mit dem verfassten Artikel nicht vorbei ist, im Gegenteil. **Als Blogger ist man auch Diskussionsleiter oder Moderator.** Wer gut moderiert und mit seinen Kommentatoren interagiert wird sich über mehr Kommentare und regelmäßige Besucher freuen dürfen.

---

[4]http://www.online-cash.org/blogparaden-stockchen-und-blog-awards/

[5]http://www.online-cash.org/faden-verloren-im-bonbonladen-internet ↩ /

[6]http://www.online-cash.org/ein-paar-gedanken-zu-meinem-blog/

[7]http://www.online-cash.org/blogkommentare-sind-auch- ↩ vorstellungsgesprache/

Zu diesem Thema ist mir erst kürzlich eine interessante Geschichte passiert. Namen nenne ich aber nicht, da ich mit dieser Geschichte niemanden angreifen möchte.

Es begibt sich also im Monat August des Jahres 2009 das mich ein Blogger direkt per Twitter anschreibt und mich um einen Kommentar zu seinem neuesten Artikel bittet. Ok, warum nicht. Wer freundlich fragt und auch noch ein interessantes Thema bietet bekommt natürlich meine Aufmerksamkeit. Ich schreibe also kurze Zeit später einen ausführlichen Kommentar zu diesem Artikel und versuche auf alles wichtige einzugehen. Nach absenden des Kommentares habe ich den Artikel im Abo und werde per Email über weitere Reaktionen informiert. Aber nichts passiert. Nachdem fast 20 Stunden ohne Reaktion auf meine Antwort vergangen sind bin ich ein wenig frustiert. Der Blogger twittert munter vor sich hin, er ist also am PC. Warum antwortet er nicht auf meinen Kommentar? Ich habe mich doch wirklich bemüht und bestimmt 30 Minuten auf seiner Seite verbracht. Da ich gerade mit einem befreundeten Blogger telefoniere erzähle ich ihm von meinem Frust und das ich diesen Blog wohl nicht mehr besuchen werde. Mein Telefonpartner ergreift also die Initiative und schreibt ebenfalls etwas zum besagten Artikel. Dabei weist er den Blogger darauf hin das es nicht besonders schön ist wenn man einen Kommentar so lange unbeachtet lässt obwohl man online ist. Das hat den Blogger dann wohl geweckt, es folgt eine Reaktion auf den Kommentar meines Telefonpartners. Dabei kommt dann die Aussage zum Vorschein das manche Kommentare *reifen* müssen! Hallo? Will der durch die Blume sagen das mein Kommentar Käse ist? Wohl nicht, denn einige Zeit später sehe ich in meiner Mailbox das der Blogger sich nun auch mit meinem Kommentar befasst hat und darauf reagiert hat, er stellt sogar ein paar Fragen. Aber ich antworte nicht mehr, schließlich bin ich ja frustiert. Soweit die Geschichte, für mich mittlerweile schon Schnee von gestern, aber sie taugt als Beispiel.

Hier zeigt sich nun eindeutig das es verschiedene Ansichten bzgl. der Moderation von Blogkommentaren gibt. Für den Blogger ist es nicht so wichtig zeitnah auf einen Kommentar zu reagieren. Er hat dabei aber nicht bedacht wie sich der Kommentator fühlt. Ich erkläre mal kurz warum ich frustiert war. Ich wurde persönlich eingeladen meine Meinung zu einem Thema abzugeben. Sowas schmeichelt mir, also reagiere ich und freue mich auf eine spannende Diskussion. Dann merke ich aber das nichts passiert obwohl ich den Blogger online sehe, er bewirbt sogar gerade den angesprochenen Artikel bei Twitter. Spätestens in diesem Moment schlägt die Stimmung um, ich fühle mich benutzt. Wie ein Mittel zum Zweck um den Kommentar-Counter hochzutreiben. Wirkliches Interesse an meiner Meinung kann ja nicht bestanden haben, sonst hätte er sich um mich gekümmert.

Man sollte also, wenn man andere Blogger persönlich zu einem Kommentar einlädt, auf jeden Fall darauf achten die Diskussion auch zu leiten und zeitnah mit ihnen zu kommunizieren. Besonders wenn man sich in der Zeit online aktiv zeigt. In den meisten Fällen lädt man aber niemanden zu einem Kommentar ein, sondern bietet lediglich die Plattform und die Möglichkeit dafür.

Ich werfe mal die Behauptung in den Raum dass das Moderationstalent eines Bloggers sogar maßgeblich zum Erfolg eines Blogs beiträgt. Ein tolles Beispiel dafür ist für mich die liebe Tanja von **Crazytoast.de**[8]. Tanja kümmert sich sehr schön um ihre Kommentatoren und versucht fast immer jedem einzelnen ein kleines Feedback zu seinem Kommentar zu liefern. Das Resultat kann man auch erkennen, viele Kommentare zu jedem Artikel. Egal ob es um ein Stück PHP-Code oder um einen Katzenkratzbaum geht.

Natürlich ist ein Blogger nicht 24/7 online. Deshalb kann es auch ruhig mal dauern bis man als Artikelverfasser in die Diskussion einsteigt. Mir selbst geht es auch manchmal so das ich partout nicht weiß was ich einem einzelnen Kommentator antworten soll oder es schier verschwitze. Mitunter bleibt ein Kommentar dann auch mal unbeantwortet. Ich werde aber künftig versuchen meine Fähigkeiten als Diskussionsleiter hier noch weiter zu verbessern.

Wie seht ihr das? Sollte ein Blogger neben seinen Artikeln auch viel Wert auf die Art und Weise seiner Moderation legen? Oder ist euch das nicht so wichtig und ihr wartet einfach ab wie sich die Reaktionen auf einen Artikel entwickeln?

---

[8]http://www.crazytoast.de/

Verwandte Artikel:

1. Hallo Blogger – Sei authentisch! Sei du selbst![9]
2. Kommentare – was man beachten sollte![10]
3. Total Social – Blogger meets Blogger[11]
4. Blogkommentare sind auch Vorstellungsgespräche[12]
5. Sind Blogger Informations-Messis?[13]
6. Lob mich! Ist Anerkennung für Blogger ein Risiko?[14]

Kommentare – was man beachten sollte!

Vor ein paar Tagen habe ich darüber geschrieben das Blogkommentare wie Vorstellungsgespräche[15] sind und sie für jeden Blogger wie eine Art Aushängeschild sind. Heute möchte ich euch ein Punkte mit auf den Weg geben die man beachten könnte wenn man seine morgendliche Runde durch den Feedreader startet und beabsichtigt die Blogosphäre um ein paar Kommentare zu bereichern. Vorweg sein gesagt das sich meine Ansicht diesbezüglich wohl auf spezielle Weise ausgeprägt hat. Ich war lange Zeit Moderator in einem großen Diskussionsforum und bin deshalb allgemein kein Freund von **Aussagen die nichts aussagen!** Deshalb möchte ich hier auch mit ein paar Sachen anfangen die mir bislang immer negativ aufgefallen sind und die man meiner Meinung nach beim kommentieren auf fremden Blogs möglichst unterlassen sollte.

---

[9]http://www.online-cash.org/hallo-blogger-sei-authentisch-sei-du-↩
selbst/
[10]http://www.online-cash.org/kommentare-was-man-beachten-sollte/
[11]http://www.online-cash.org/total-social-blogger-meets-blogger/
[12]http://www.online-cash.org/blogkommentare-sind-auch-↩
vorstellungsgesprache/
[13]http://www.online-cash.org/sind-blogger-informations-messis/
[14]http://www.online-cash.org/lob-mich-ist-anerkennung-fur-blogger-↩
ein-risiko/
[15]http://www.online-cash.org/blogkommentare-sind-auch-↩
vorstellungsgesprache/

Was man beim kommentieren nicht machen sollte

- **Inhaltlose Aussagen** wie *"toller Artikel"* oder *"Schön geschrieben"* absetzen. Wenn einem ausser diesen Phrasen nichts anderes einfällt sollte man lieber von einem Kommentar absehen.

- **Werbung für eigene Artikel** und Aktionen, auch wenn sie sogar zum Thema passen. Manchmal ist die Erwähnung eines eigenen Artikels ok wenn man dadurch seinen eigenen Kommentar und die Diskussion unter dem Artikel bereichert. Wer jedoch nur mitteilen möchte das er auch schon über das Thema geschrieben hat um auf diese Weise hat um ein paar Besucher wegzulocken sollte eher nicht kommentieren.

- **Mehrere Kommentare hintereinander** absenden weil einem immer wieder etwas neues einfällt. Sowas kommt vor, ok! Aber es erweckt den Eindruck als wolle man nur mehr Aufmerksamkeit bekommen. Lieber etwas länger nachdenken bis alle Gehirnzellen am Kommentar mitarbeiten, dann vergisst man auch nichts.

- Den Artikelschreiber oder andere Kommentatoren **beleidigen.** Sowas passiert recht selten, aber ich habe es auch schon gesehen. Es gibt Menschen die nicht diskutieren können und spätestens nach 2 Gegenargumentationen an verbalem Durchfall erkranken. Für einen Blogger der solche Kommentare absendet währe es wohl der Todesstoß.

- Zusammenhanglose Kommentare oder auch **Offtopic.** Sowas stört mich persönlich sehr. Wird gerade über einen Artikel diskutiert finde ich es furchtbar wenn ein Kommentator plötzlich mit der Diskussion um ein Plugin dem Blog anfängt oder fragt warum der Artikelschreiber gestern nicht in der Stammkneipe war. Für sowas gibt es Email, Telefon, Messenger oder bei vielen auch Twitter.

- **Schreibfehler ohne Ende.** Ein Buchstabendreher oder ein Fehlerchen ist ok, sowas passiert mir auch. Wenn ich jedoch Kommentare lese in denen jedes zweite Wort falsch geschrieben wurde beachte ich den Kommentator wohl kaum noch.

- **Herablassend kommentieren.** Man wird immer wieder Artikel lesen bei denen man feststellt das man vom Thema mehr Ahnung hat als der Verfasser selbst. Die Erfahrung darf man natürlich in den Kommentar einbringen, aber man sollte versuchen nicht altklug oder herablassend zu klingen.

So, das waren jetzt die wichtigsten Punkte die mir negativ aufgefallen sind. Es hat sogar gut getan sich das alles mal durch einen Artikel vor Augen zu halten. Evtl. werde ich die Liste noch weiter ergänzen da es durchaus noch weitere Dinge gibt. Diese negativen Kommentare stammen jedoch meist nicht von anderen Bloggern sondern von Suchmaschinenbenutzer, deshalb lasse ich sie mal aussen vor. Ich achte jedoch nicht nur auf negative Sachen. Da mir auch manchmal **die Schönheit des Kommentars** ins Auge fällt, möchte ich auch paar Möglichkeiten auflisten die man beachten kann um einen schönen Kommentar abzusenden.

Was man machen kann um einen guten Kommentar zu schreiben

- Besonders bei längeren Artikeln eine spezielle Aussage oder Information heraussuchen und sich im Kommentar mit dieser befassen.

- Die eigene **Meinung** oder ein eigenes Urteil zum Artikel aufschreiben und diese auch **begründen**. Zum Beispiel mit einer eigenen Erfahrung.

- Vor dem verfassen des eigenen Kommentars auch die **Aussagen** andererKommentatoren **lesen** (und verstehen).

- Bei Bedarf den Mut haben **Fragen** zu **stellen**! Blogger und auch andere Kommentatoren mögen es wenn sie gefragt werden

- Duzen! Auch wenn du neu auf einem Blog bist, in der Blogosphäre duzt man sich, und du gehörst dazu!

Puuh, das wars erstmal mit meinen Ratschlägen. Ob sie brauchbar sind darf natürlich jeder für sich selbst entscheiden. Evtl. fällt ja noch jemandem etwas ein was ich hier aufführen könnte?

Verwandte Artikel:

1. Kommentare: Was spricht gegen den eigenen Namen?[16]
2. Ein Captcha für die Kommentare? Was meint ihr?[17]
3. Blogkommentare sind auch Vorstellungsgespräche
4. Der Blogger als Diskussionsleiter[18]
5. Total Social – Blogger meets Blogger[19]
6. Falsche Erwartungen an einen Blog?[20]

Twittern Bloggen Geld verdienen Part I

Der Twitter Hype wird sich noch einige Zeit in unserem Blogger Alltag wieder finden. Die Zeit ist über reif um noch ins Geschehen einzugreifen und Geld zu verdienen. Die **Affiliate** Anbieter stellen sich auch um und geben die Möglichkeit direkt, die so genannten Kurz-Url's zu benutzen. **Als erstes Netzwerk** bietet euch Affiliwelt[21] jetzt Kurzlinks an. Diese sind natürlich gerade für **Microblogging Dienste** wie Twitter gefragt, denn durch die begrenzte Anzahl von 140 Zeichen ist jede Verkürzung Willkommen.

Zusätzliche **Marketing** Vorteile besitzen diese Kurz-Url's auch im Blog. Diese Url's werden von den **Suchmaschinen** nicht als **Fremdwerbung** angesehen und verhelfen dort so auch zum Umsatz, der nicht abgewertet wird. Diese Verkürzung ist auch für den Besucher, nicht sofort beim Überfahren mit der Maus ersichtlich, was ich persönlich nie als schlimm empfunden habe, denn ich stehe zu den Dingen die ich anbiete. Doch geht der Trend immer weiter in diese Richtung.

---

[16]http://www.online-cash.org/kommentare-was-spricht-gegen-den- ↩
eigenen-namen/
[17]http://www.online-cash.org/ein-captcha-fur-die-kommentare-was- ↩
meint-ihr/
[18]http://www.online-cash.org/der-blogger-als-diskussionsleiter/
[19]http://www.online-cash.org/total-social-blogger-meets-blogger/
[20]http://www.online-cash.org/falsche-erwartungen-an-einen-blog/
[21]http://goaw.de/a8f438d648

Ein kleiner Tipp am Rande, denn das bekannt machen eines Blog verlangt immer mehr Arbeit. Denn wenn keine Besucher da sind kann auch niemand eure Werbung nutzen. Also braucht ihr vor allem Backlinks und dafür sorgen auch die bekannten Linklisten. Hier bekommt ihr den letzten wirklich **kostenlosen Webmasterdienst**. Tragt euer Projekt mit Linklisteneintrag.de[22] in über **10.000 5.500 Linklisten** ein. **Garantiert kostenlos!**

Dies ist **Part I von XV** die ich für euch verfasse werde, um das Leben mit **Twitter**, dem **Bloggen** und **dem Geld verdienen im Internet** informativ zu gestallten. In regelmäßigen Abständen informiere ich euch weiter über diese Marketing Möglichkeiten, wenn ihr also nichts verpassen wollt dann abonniert mein Feed und ihr seid dabei. Für Anregungen, Informationen und Kommentare bin ich natürlich jederzeit offen.

Twittern Bloggen Geld verdienen Part II

Weiter geht es mit ein paar Tipps zum Geld verdienen im Internet. Das Twittern allein bedarf genauso viel Zeit wie Bloggen und so versucht man natürlich sich die Belohnung für seine Arbeit nicht nur in Kommentaren zu sammeln. Den Nutzen der Kurz-Url's habe ich ja schon angesprochen, doch ist auch dieser Einsatz beim Twittern mühsam. Jedes mal einkopieren und den Text dazu. Es geht auch einfacher und das möchte ich euch jetzt hier zeigen.

In dem Artikel[23] von Alex ist der Einsatz von **Twitterfeed**[24] sehr gut bebildert beschrieben und ich habe mich dann entschieden es zu nutzen. Nachdem ich alles eingerichtet hatte bin ich in die Einstellungen gegangen und habe dort, wie im Bild zu sehen eine **Kurz-Url** eingebunden. Diese wird jetzt automatisch an jedes Feed Artikel wie **Kommentare** angehangen. Also bringt mir wenn ich Glück habe jeder **Kommentar** auch noch zusätzlich die Möglichkeit ein wenig

---

[22]http://goaw.de/cc791c5599
[23]http://internetblogger.de/2009/06/rss-feed-zu-twitter-uebertragen ↩
    -lassen/
[24]http://twitterfeed.com/

12

Werbung bei Twitter zu verteilen. Diese Option bringt aber auch andere Möglichkeiten, so genannte **Hashtags** unterzubringen. Diese beginnen mit der # und dem Text der Wahl, z.b. **#Bloggerworld**. Für diese Hashtags werden bei ständiger Nutzung vieler User auf **Twitter** die Toprankings erstellt und ihr seht sie dann unter Interessante Themen auf Twitter.

Eine Nachricht auf Twitter hat nur eine kurze Haltwertzeit, der durch die Menge an den Follows die ihr habt bestimmt wird. Solltet ihr also im Bereich von 500 sein denen ihr folgt wird eure Nachricht nur so Maximal um die 1 Minute zu sehen sein. Der Effekt ist also nicht so groß. Also habt ihr die Möglichkeit den tag dort zu verweilen und zusätzlich zu tweeten oder euch um euren Blog zu kümmern und euch auf die Artikel zu konzentrieren. Denn jeder gute Artikel bringt Besucher und Kommentare, diese dann automatisch wieder zu Tweeds werden. Diese dann vielleicht wieder zu Kommentaren usw.

Der Dienst **Blogtraffic** hat sich an dieses Thema gewagt. Sobald ihr diesen Dienst nutzt werden eure **Feeds ja automatisch** auf seinen **Top-Artikeln**[25] gezeigt. Das wiederum trägt dazu bei euren neuen Artikel zusätzlich auf Twitter zu finden.

Twittern Bloggen Geld verdienen Part III

Part III meiner **Twittern Blogger Geld verdienen** Tipps ist bereit euch mit hoffentlich interessanten Themen zu versorgen. Wie mache ich meinen Twitternick bekannt und nutze mein Blog Feed um Geld im Internet zu verdienen. Die verschiedenen Möglichkeiten stelle ich

---

[25]http://www.blogtraffic.de/artikel.html

euch heute vor und hoffe sie bringen auch euch ein wenig Erfolg. Meiner hat eingesetzt kurz nachdem ich mich dafür so intensiv interessierte und das **nicht nur oberflächlich**.

Sein Twitternick bekannt machen:
Um viele Follower zu bekommen gibt es diverse Möglichkeiten. Eine sehr **spammige Methode** ist es allem zu folgen was einem vor den Ticker kommt oder was man sieht. Twitter hat selbst die Möglichkeit eingebunden nach Themen zu suchen über die in der letzten Zeit getwittert wurde. Dort habt ihr die erste Chance genau abzugreifen wer in eurem Themengebiet sich mich anderen unterhält. Am Anfang solltet ihr den Leuten folgen, die eine ausgewogene **Follow und Follower Zahl** haben. Sollte in eurem Bekanntenkreis schon jemand sein der eine gute Anzahl an Followern hat ist die Chance am größten von ihm einige zu erben. Durch viele neue Applikationen zum Thema Twitter haben sich ganz schnell erste Listen gebildet, in denen dafür geworben wird.
Eine Anlaufstelle für mich ist immer wieder **Tweeternews**[26] . Aktuelles rund um die **Twitterei incl. Gewinnspielen** werdet ihr dort finden. Ihr seht bei Milos wie viele Follower man bekommen kann z.B. durch Werbung und seinen Blog. Bei der letzten Ansicht waren es dort über **8.700**. Eine Aktion von Milos bekannt zu werden versprach einen Link in seiner Blogroll für den ersten ReTweeter seines ersten Tweeds an Montagen. Siehe da Ideen muss man haben. Versucht zum Start auszuprobieren euer Twittericon dort zu platzieren wo es auffällt. In jedem **Post am Ende** darauf hinweisen und ab und an mal einen Kommentar mit eurer Twitter Adresse zu hinterlegen. Eine weiter kommt in dem nächsten Beitrag denn nicht jeder **Feed Reader** weiß das ihr auch Twittert.

Das RSS Footer Wordpress Plugin:
Es ist eine deutsche Übersetzung des Plugins von Yoast[27]. Ich habe es übersetzt und stelle es euch am Ende des Artikels zum Download bereit. Durch die Installation habt ihr die Möglichkeit einen Text oder Link an euren Feed zu hängen. Es kann ein normaler Text

---

[26]http://www.tweetnews.de/2009/01/25/die-top-100-der-beliebtesten- ↩
twitter-anwendungen/
[27]http://yoast.com/wordpress/rss-footer/

oder auch ein Link sein und wenn ihr meinen **Feed abonniert**[28] habt werdet ihr dort meinen Twitternick finden natürlich könnt ihr mir jederzeit folgen. Zusätzlich habe ich einen Link gesetzt auf eine Empfehlung die ich weiter geben möchte. Also wie ihr seht sind dort keine Grenzen gesetzt. Doch Vorsicht denn übertreiben mit Super Werbeangeboten oder langen Texten könnte euren Feed Reader vertreiben. Interessant ist es auch ein Gewinnspiel darüber zu veranstalten. Das habe ich auch schon gemacht den jeder der mein Feed abonniert hat konnte dort einen Gewinnspielcode sehen und mir zu Mailen. Um die Einstellungen ein wenig zu veranschaulichen habe ich mal einen Screen beigefügt. Natürlich auch hier zum downloaden.

Gestern Abend habe ich erfahren, dass bald ein neuer Dienst bezüglich Kurz-Urls auf dem Markt ist. Um auf dem Laufenden zu bleiben ein solltet ihr mal **@blogtrafficfeed**[29] folgen

Twittern Bloggen Geld verdienen Part IV

Auf der Suche nach sauberen **Möglichkeiten Geld im Internet** zu verdienen, haben sich durch meine Tests die Einnahmen um das **7-fache** gesteigert. Es ist noch nicht viel womit ich prahlen darf doch immerhin. Doch dazu später ein wenig mehr, denn die neuen Anbietertests laufen noch. Durch einen Kommentar von **Tobi** und auch einer folgenden Diskussion in habe ich mich entschlossen eine Umfrage zu starten. **Denn wozu Twittert ihr eigentlich?**

---

[28]http://feedproxy.google.com/BloggerWorld
[29]http://twitter.com/blogtrafficfeed

15

Ich bin mal gespannt was da bei herauskommt. Doch seit bitte auch ehrlich, denn so kann ich auch den **Schwerpunkt** der Artikel gestalten.

Für die gleichmäßige Verteilung der **Tweets** hatte ich schon Twitterfeed benannt, doch eine Sache die mir da nicht gefällt ist das alle Kommentare auf einen Haufen gesendet werden. Durch Milos bin ich zu dem WP Plugin Comenta gekommen was ihr auf der **WP Plugin Seite**[30] downloaden könnt. Durch dieses Plugin werden die Kommentare sofort über euren **Twitter Account** getweetet. Was für mich den Vorteil hat einmal die Einstellung von Twitterfeed auf 2 Stunden (zwar alle auf einmal) sowie sofort nach der **Kommentierung** durch Comenta. Dadurch ergibt sich eine gute Verteilung und ihr seid öfters zu sehen. Was mich natürlich bei Twitter als Trafficmaschine begeistert ist das Retweeten also das RT.

Mit dem neuen Service für **Tinyurl**[31] habe ich es geschafft innerhalb von 1 Minute (einer Minute) 168 Leser auf meine Seite zu bekommen. Das nenne ich Traffic oder? Bei **Fazzt.biz** seht ihr eine Statistik wie oft eure TinyUrl aufgerufen wurde und das ging so rasend schnell, dass ich nicht mehr wusste wie es mir geschah. Zusätzlich scheint der **Twitter Dienst von Google**™ gemocht zu werden, denn wie ihr gleich sehen könnt bekam ich von Google™ einen RT, der sicher für diesen Ansturm sorgte. Es war die Bitte um RT auf meine **Pay Per Click Info**[32] Seite.

Jetzt mal zu den **Einnahmen** der letzten 7 Tage die ich hier offen legen möchte. Dazu gehören meine Einnahmen Adsense™ sowie **Af-**

---

[30]http://fazzt.biz/97a5fbe
[31]http://fazzt.biz/
[32]http://fazzt.biz/ppc

filiwelt[33], denn das waren die von mir gepuschten. Durch Adsense™ habe ich 12,51 Euro durch Affiliwelt 12,51 Euro eingenommen. Das ist jetzt nicht die Menge, doch bin ich Stolz darauf, denn es sind fast 7-mal mehr wie ich vorher hatte. Also für mich ein schönes Ergebnis, was arbeit bedeutet aber die sich vielleicht auch ausbauen lässt oder? Ein großer Punkt an dem Einsatz lag an dem Zeitpunkt des Twittern, denn zu einem anderen Zeitpunkt kam nur schleppend **Traffic über Twitter**. Die 3 Zeiten die ich mir ausgesucht hatte waren sehr stark abweichend und die Top Zeit ist die 23 bis 1 Uhr Stunde gewesen. Genauere Daten kann werde ich später noch nachliefern.

Twittern Bloggen Geld verdienen Part V

Ein neues Kapitel zum **Thema Geld verdienen** widmet sich Heute der Einbindung von Werbung im Blog. Dazu kommen ein paar Zahlen aus dem Twitter Bereich und Ergebnisse die sich sehen lassen können. Doch fangen wir mit den schon bekannten Traffic und den **TinyUrls**[34] an. Ich habe euch im **Part IV**[35] den neuen Dienst Fazzt.biz vorgestellt und diesen weiter getestet und genutzt. Durch die Statistiken ist es natürlich sehr schön nachzuvollziehen welchen Erfolg man haben kann. Durch **ca. 10 Werbe-Tweets** am Tag habe ich es geschafft innerhalb der letzten 5 Tage auf 5 meiner Webseiten **1.498 Hits** zu bekommen. **Na das kann sich doch wohl sehen lassen oder?** Dadurch entstanden natürlich auch Klicks und ein paar Einnahmen, doch die werde ich jetzt erst mal sammeln um einen Zusammenhang bilden zu können. Durch mein regelmäßiges Twittern hat sich auch meine Follower Liste ein wenig vergrößert. Ich bin jetzt > **1.000 Follower** und das von kurz über 800. Da ich zwar mit meinem **Blog** ein wenig umgehen kann, habe ich meine Adsense™ Werbung kreuz und quer eingebaut gehabt. Großes 160 mal 600 Adsense™, wodurch sich alle Felder in der Sitebar verschoben haben und eingeengt wirkten. In dem Bereich oben Rechts hatte ich ein BIG 350er Adsense™ Block der einfach nur dahin gebaut wirkte

---

[33]http://goaw.de/a8f438d648
[34]http://fazzt.biz/
[35]http://blogger-world.de/twittern-bloggen-geld-verdienen-part-iv/

aber keine folgen hatte. Also alles durcheinander. Da ich ja auch über den großen Teich auf die Pro Blogger schaue (man lernt nie aus) habe ich doch gelesen was man machen soll. In einem Artikel von Problogger Darren Rowse wurde unter anderem auch **der Einbau von Adsense**™ **36** in den Blog beschrieben. „Ich möchte dem Guru des Bloggens ja auch nicht auf die Füße treten, doch ein schnellerer Server würde ihm auch gut tun".

Tja und dann kam mein Erwachen, alles umgesetzt und eingebaut und das auf mehreren Domainen. Super habe ich gedacht jetzt bekomme ich ein paar Euro Cent für die Servergebühren raus. Ich habe gewartet und das sehr lange, denn nichts kam. Das Verhalten der Amerikaner zur Werbung und besonders zur Platzierung der Werbung ist 100% anders wie das der Deutschen. Nicht nur das die Deutschen gegen jeden Klick sind, nein sie schreiben die URLs aus der Werbung ab statt drauf zu drücken. Ärger und Frust bereitet sich aus, man hat sich soviel Mühe gegeben um alles was es gibt an Werbung drauf zu packen, genauso wie die Großen. Keiner hat Respekt vor solchen Umbauten und huldigt es einem. Genau das sind Dinge die einem durch den Kopf schießen. Ja ich weiß klingt Blöd, doch es ist so und seit mal ehrlich auch schon in eurem Kopf befanden sich diese Gedanken oder?

Dann habe ich von dem **Angebot** gehört mir die Werbung einbinden zu lassen. Den Wettbewerb bzw. den kostenlosen Einbau habe ich leider verpasst, doch es war mir das Geld Wert. Ich habe den Dienst von Tanja in Anspruch genommen den **Google**™ **Adsense**™ **Einbau37**. Soll ich euch mal was sagen, das sind 50 Euro und die habe ich nach genau **1 Woche also nach 7 Tagen** wieder raus gehabt. Jetzt ab der 2ten Woche ist es mein Verdienst. Selbst wenn es jetzt, auch durch die Urlaubszeit ein bissel ruhiger geworden ist, kommen Klicks durch und ich glaube nicht wirklich, dass diese aus Amerika kommen. Da kann man doch mal sehen, die Deutschen sind nicht zu Faul auf **die Werbung zu klicken**, sie mögen es nur nicht so wie in anderen Ländern.

---

[36]`http://www.problogger.net/archives/2004/09/23/adsense-tips-for-` ↩
`bloggers-1/`
[37]`http://www.crazytoast.de/webdesign/google-adsense-einbau/`

Fazit für mich ist es, denn großen auf die Finger schauen, doch in Sachen Geld verdienen mehr auf den Stamm der Länderspezifischen Erfahrenen zu horchen. Ansonsten würde ich immer noch auf Einnahmen warten.

Dieses mal ein bisschen weniger über **Twitter**, dafür das **Bloggen und Geld verdienen** mal in den Vordergrund geholt. Ich hoffe meine Tipps und Erfahrungen haben euch angesprochen.

Twittern Bloggen Geld verdienen Part VI

Endlich ist es soweit Google™ gibt eine kleine Möglichkeit frei auf die Werbung die durch Adsense™ geschaltet wird Einfluss zu nehmen. Diese Art der Werbung zu schalten betrifft diejenigen, welche ihre Chanels ausrichten lassen. In dem Chanel hat man ist es möglich seine Position der Adsense™ Werbung zu beschreiben und auszurichten.

In den Webmaster Tools von Google™ im Bereich Adsense™ findet ihr jegliche Informationen dazu. Sobald ihr im Bereich Adsense™ unter den Setup Einstellungen seid, wählt bitte „Überprüfungszentrum für Anzeigen". Dort werden euch dann die Seiten angezeigt, die sich für eure Placement Anzeige interessieren und beworben haben. Bei der Hilfe für den Bereich beschreibt Google™ es eindeutig und verständlich. Hier das Zitat aus der Hilfe:

> Das Überprüfungszentrum für Anzeigen ist ein neues Publisher-Tool, mit dem Sie bestimmte placement-bezogene Anzeigen, die auf Ihren Seiten geschaltet werden, überprüfen können. Das Überprüfungszentrum für Anzeigen ermöglicht Publishern mehr Transparenz und Kontrolle über die placement-bezogenen Anzeigen, die auf ihren Websites geschaltet werden. Sie können einzelne Anzeigengruppen und Inserenten zulassen oder blockieren und Anzeigen nach Typ filtern: Text oder Image.

Jetzt warte ich noch auf den Moment wo dem Webmaster auch auf die normalen Anzeigen Einfluss gegeben wird. Das wird sicher noch dauern, denn es wurde ja gerade erst die Suchbegriff erweiterte Werbung fertig gestellt. Wenn man seinen Blog oder die Seite mal unter einem bestimmten Suchbegriff findet und sich dann die Werbung anschaut, ist es schon erstaunlich wie genau sie zu dem Suchbegriff passt. Solltet ihr Placement bezogene Werbung auf euren Seiten haben, dann schaut doch mal nach ob ihr es damit noch weiter optimieren könnt. Ein Versuch ist es allemal Wert.

Bei Twitter gibt es im Moment nicht viel zu berichten. Dennoch habe ich ein paar Nachrichten bekommen, die mir zu denken geben. Eine davon ist von

> "prinzzess@bloggerworld Ochnöööö, kommen jetzt alle #Kommentare auf deine Blogbeiträge als #Tweet??? Wer muss dann noch dein #Blog besuchen?"

Ja da hat @Prinzzess[38] auch wieder Recht. Also habe ich mal wieder auf manuell umgeschaltet. Die folgenden Wochen werde ich beobachten wie es sich jetzt mit dem Traffic verhält, also ob ich die Zeit und den Griff in den richtigen Leitspruch treffe.

Twittern Bloggen Geld verdienen Part VII

Lange hat es gedauert doch es geht weiter mit Part VII zu Twittern Bloggen Geld verdienen. Tja was kann ich euch gutes Mitteilen? **Twitter ist zum Geld verdienen Schrott!** Außer Zeit und davon viel habe ich in den letzten Tagen und Wochen viel bei **Twitter verschwendet,** habe ich nur negatives zu berichten. Ausgangspunkt war der kurzfristige Erfolg der Aktionen Affiliate mit Kurz-Url's. Dieses habe ich dann weiter verfolgt und bin mal richtig auf die Fresse gefallen. Sorry das ich es so ausdrücke, doch man kann es nicht anders nennen. **Geld habe ich investiert**, in die vermeintlichen sicheren Tipps Follower zu bekommen und dadurch auch **Klicks und Verkäufe** zu generieren etc. Alles schön und gut die Download PDF's und alles ist immer angekommen. Durch den Wechselkurs Euro zu Dollar ging es auch und so ein paar Sachen

---

[38] http://twitter.com/prinzzess

20

waren auch plausibel, doch 99% gingen darauf aus eine **Landing-page** zu bauen und dort deren **Twitter Account** mit anzupreisen. Nach so 70 Dollar habe ich aufgehört, da ich auch nicht so viel Geld über habe. Hätte ich mir mal einen Getrunken davon oder hätte mir einen schönen Abend gemacht.

Also mein Tipp an alle, macht **nicht die anderen Reich**, denn es sind nur die welche daran verdienen. Wir sind zu spät bzw. ich war zu spät und jetzt habe ich ein großes Problem: Follower und davon > 1.750 die ich durch ein paar Tools gezogen habe. **Doch was soll ich mit ihnen? Traffic?** Na den Traffic den ich bekomme hatte ich auch schon vorher. Die neuen **Follower** schauen nicht bei mir vorbei, denn sie verstehen kein deutsch bis auf ein paar. Ewiges kontrollieren wer wem Followed hin und her. Da brauche ich nicht mehr drauf zu achten, da es das Twitter Tool **Tweetlater**[39] gibt. Es ist ein direktes Online Tool ohne download. Hier habt ihr auch die Möglichkeit zu sehen wer euch folgt und wer nicht. Nicht folgende werden automatisch bei euch ausgetragen also ist die Ratio recht gut zwischen **Follow und Refollow**. Schön einzustellen ist die DM wenn euch jemand folgt indem ihr einen Verweis z.B. auf euren Blog machen könnt oder einfach nur „Hallo" sagt. Jedenfalls habe ich mir meinen Account damit versaut und jetzt erstmal recht arbeit damit. **Es gibt nur 2 Lösungen dafür: 1. alles in vielen Stunden aussortieren und löschen. 2. einen neuen Account und noch mal von vorn anfangen.** Ich werde euch da mal auf dem Laufenden halten wozu ich mich entschieden habe. Solltet ihr eine andere Lösung haben dann sagt sie mir bitte, das wäre mir eine große Hilfe.

Trotz des Artikels von Tanja „**Contaxe ist bei mir ein Witz mit Anlauf**[40]" habe ich es gewagt es auch bei mir einzubinden. Tanja hat mir ja schon meinen Blog auf Basis von Adsense™ optimiert womit ich immer noch zufrieden bin, doch wollte ich es auch mal allein probieren mit **Contaxe**[41]. Nachdem ich alles eingebunden habe und die Links und alle anderen Einstellungen fertig hatte konnte ich sogar Einnahmen verzeichnen. Im Moment teilen sich diese auf und es ist

---

[39]http://www.tweetlater.com/
[40]http://www.crazytoast.de/2009/07/geschaeftsideen-fuer-blogs/ ↩
    contaxe-ist-bei-mir-ein-witz-mit-anlauf.html
[41]http://www.contaxe.com/?cref=1651838

eine 50 Prozent Teilung zwischen den beiden. Jetzt ist es natürlich für meine Leser eine Zumutung wenn diese Layer einfliegen, doch ich hoffe ihr verzeiht mir und gönnt es mir. Ich bin mal gespannt was dabei rum kommt und sollte es sich lohnen werde ich es wohl beibehalten.

Solltet ihr noch Anregungen und Erfahrungen zu **Twitter und Geld** verdienen haben, bitte ich um eure Kommentare dazu, denn es heißt nicht wenn ich es nicht geschafft habe, das es bei euch auch so verlaufen ist. In den nächsten Artikeln zu diesem Thema werde ich mich darauf beschränken was man noch alles mit seinem Blog anstellen kann um Traffic zu generieren sowie ihn bekannt zu machen. **Daraus sollten eigentlich Einnahmen folgen doch werde ich mir nicht mehr irgendetwas zerschießen oder meine anderen Projekte dadurch nach hinten legen. Für mich gibt es jetzt nur noch einen Weg und der ist alles nach vorn zu treiben und dabei zu bleiben.**

Blogging for Top or Flop

Warum bloggen wir und wie bloggt man effektiv und gut? Eine Frage die sich nicht nur erfahrene Blogger immer wieder stellen. Blog Anfänger haben es genauso schwer den richtigen Start zu finden. Folgend werde ich versuchen die Fragen aus verschiedenen Bereichen und Blogger Klassen zu erklären und zu erforschen. Die beginnende Frage warum bloggen wir, wurde schon gestellt und einen Überblick findet ihr im Artikel „Des Blogger's Last ist das Bloggen[42]". Worauf ihr euch einlasst und wie ihr es schaffen könnt ein Top Blogger zu werden könnt ihr lest ihr in den nächsten Artikeln. Einführend möchte ich sagen, dass diese Tipps kein Garant dafür sind ein Top Blogger zu werden. Allein ihr seid dafür verantwortlich und zuständig. Darüber muss sich jeder vor Beginn des Bloggen's im Klaren sein. Die Serie ist ein Folge von lesen, Erfahrungen sowie Zusammenfassungen vieler Blogger in verschiedenen Genres, die sich behauptet haben oder sich noch behaupten werden. Ein Einstieg ins Bloggen ist schnell durch

---

[42]http://blogger-world.de/des-bloggers-lasst-ist-das-bloggen/

viele Dienste geschehen, doch was dann? In die Zukunft sehen ist die richtige Antwort. Um den Frust des Bloggen's vorzubeugen, ist für mich das Thema des Burnouts wichtig genug um es an den Anfang zu stellen. Denn was wir nicht wollen ist Leser verlieren und dann in ein tiefes Loch zu fallen.

Blogger Burnout

Hierfür ist sehr oft die Menge der Artikel, die man bloggt zuständig. In dieser Abhängigkeit befinden sich sehr oft Blogger, welche ein Thema bzw. eine Nische versuchen zu bedienen. Ein Druck der sich immer wieder aufbaut, indem die Unwissenheit sagt „je mehr desto mehr". Ausschlaggebend ist nicht die Menge der Posts, sondern die Qualität. Es sein denn ihr möchtet wenig Kommentare und ein reines News Portal aufbauen. Legt fest welchen Blog ihr führt und was er beinhalten soll. Ein reines News Portal ohne News ist wie eine Tageszeitung die nicht mehr kommt. Ein Blog, der Recherchieren muss um seine Artikel zu füllen, wird durch den Leser Klientel auch Tage ohne Artikel auskommen. Wobei wir schon beim 2ten Punkt angelangt sind.

Leser Burnout

Um direkt an das geschrieben anzuknüpfen und bei dem News Portal zu bleiben. Eine solche Form des Blogs erwartet viele Artikel und genau diese Leser werden bedient und treu sein. Ein Blog wie z.B. meiner kommt auch mit kleiner 1 Artikel pro Tag zu Recht. Die Themen geben es vor wie schnell der Leser euch leid ist. Ihr selbst bestimmt den Wandel der Leser. Artikel die zu einer Diskussion aufrufen und nach 8 Stunden schon wieder von dem Index verschwunden sind haben meist eine kleine Diskussionsfläche. Abstimmungen oder Hilfe bzw. Beteiligungsaufrufe zielen auf eine Masse ab, die nicht erst suchen will. In der Vorbereitung und das Wissen um seine Leserschaft ist es möglich, dem Leser Burnout vorzubeugen. Lasst euren Lesern Zeit das gelesene zu verarbeiten, auszuprobieren oder zu kommentieren.

Dieses sind meiner Meinung nach 2 der Hauptgründe für den Down einiger Blogs und der mangelnden Kommentar Bereitschaft im Internet. Viele Blogger haben mit Schwung angefangen und dann mit dem gleichen Schwung nachgelassen. Deshalb sollten gerade Blogger ihren

Lesern genau das anbieten, was man selbst als Leser auch erwartet. Ich habe mir wahllos einige Blogs ausgesucht, um das Geschriebene etwas visueller darzustellen. Schaut mal vorbei und lernt von ihnen, sei es der Aufbau oder die Art, nur dadurch habt ihr die Möglichkeit es zu verstehen. Dafür habe ich einfach mal geschrieben was es für Blogarten aus meiner Sicht sind.

- News Blog Markus Arlt[43]

- Info Blog Internetblogger[44]

- Helpfull Blog[45]

Blogging Titel for Top or Flop

Top Artikel benötigen eine gute Vorbereitung und der Titel ist eines jeden Blog Aushängeschild. Einfach schreiben ist eine gute Idee, doch egal wie gut ich schreibe passt der Titel nicht werde ich keine großen Erfolge haben, Besucher zu bekommen oder zu halten. Der erste Eindruck ist wie so vieles im Leben, der Moment wo man sich innerhalb von Sekunden entscheidet ob „Ja oder Nein“. Ein effektiver Titel sowie die kurze Deskription ist das Erste eures Artikels was man sieht. In den Suchmaschinen und Livetickern sehen wir genau wie wir entscheiden, so entscheidet vielleicht auch unser nächster Leser. Dieses sollten wir uns immer vor Augen halten. Ich nutze den Liveblogs Ticker[46] und den Blogticker[47] um einen Querschnitt von Blogs zu erhalten. Gerade hier entscheidet das subjektive Empfinden jedes einzelnen, auf welche Art Titel/Artikel man auf der Suche ist. In einigen Büchern beschrieben und sehr gut nachvollziehbar sind es so um die 4 verschiedenen Arten der Titelaufbauten, die genutzt werden.

---

[43]http://newsburger.de/
[44]http://internetblogger.de/
[45]http://www.zentodone.eu/wordpress/
[46]http://www.blogtraffic.de/liveblogs/
[47]http://blogpingr.de/blogticker/

KKP Titel

Kurz, knapp und präzise Titel gehören laut aussage einiger Problogger zu den effizientesten um eine Leserschaft aufzubauen. Durch die
Kürze ist auf jeden Fall gewährleistet, das dieser komplett in den
Suchmaschinen abgebildet wird. Der Titel entscheidet selbst dort,
ob sich die darunter befindliche Deskription gelesen wird. Suchende
lesen Quer über die Liste der Ergebnisse und wie allgemein bekannt
nur die ersten 3 bis 4 Worte. Ist die Aussage treffend wird geklickt
und der Besucher ist angekommen.

ARS Titel

Aggressiv, reißerisch und Skandalträchtig ist eine Titelart, die es in
sich hat. Zum einen setzt sie sich stark von den anderen Titeln ab
und hat dadurch schon einen Anreiz gelesen zu werden. Doch birgt
es auch gefahren, denn nicht immer wird gehalten was im Titel steht.
Aggressivität ist nicht immer angesagt und kann auch zum Abbruch
der Leserschaft führen. Eine genau Definition könnt ihr nur für euch
selbst entscheiden, denn sucht ihr nach Skandal werdet ihr auch nach
dem Titel entscheiden wo ihr den größten Skandal vermutet. Nur ein
Tipp am Rande seit Vorsichtig mit dem Umgang solcher Titel, das
kann nach hinten los gehen.

FUH Titel

Fragend, helfend und unterstützende Titel finden immer wieder ihre
Leser durch den Bedarf. Es werden Tutorial's und beschreibende
Seiten gesucht, die helfen einem durch das Wirrwarr zu kommen.
Sehr oft wird dafür eine Frage gestellt alla „Wie man richtig bloggt
„ oder „So kann man besser werden". Diese Titel werden von Hilfe
suchenden bevorzugt als Suchfolge in den SUMA's eingegeben. Sehr
oft sind dort Diskussionen, Scripte oder sogar ein Forum zu finden in
denen eine Vielzahl von Lösungen angeboten werden.

LOR Titel

Lange, offene und rätselhafte Titel spielen mit dem Reiz der Wissensgier. Ein Einsatz solcher Titel muss meiner Meinung nach einen sehr
stark en Artikel beinhalten, sonst wird man schnell durchschaut und
der Reiz verliert an Wirkung. Richtig eingesetzt mit einem Punkt an
Ironie, auf jeden Fall ein Garant für Traffic. Denn die Wissensgier ist
aller Laster Anfang.

Dieses ist ein Einblick in verschiedene Titelarten, die durch die Blogger Welt verteilt sind. Noch ein Punkt den wir auf keinen Fall vergessen dürfen sind die Keywords. Ein Faktor dem es gilt beachtet zu werden, denn sonst haben wir auf jeden Fall einen der wichtigsten Traffic Generatoren ausgehebelt. Dieses sind und bleiben die Suchmaschine. Der Mix eines Titels und die richtige Wahl ist meiner Meinung nach ein Faktor, dem oft zu wenig Zeit gegeben wird. Am Anfang schon angesprochen ist es eure Möglichkeit genau das zu machen was ihr wollt, nämlich euren Artikel verkaufen. Das so oft es geht und mit nur einer Chance, den höchst möglichen Gewinn zu erzielen. Jetzt habe ich euch wieder einen langen Artikel geschrieben, doch das Thema ist nicht kürzer zu fassen.

Als persönliches Fazit würde ich den Titel unter der Frage "Wie soll mein Titel sein?" umzusetzen.

- **T**hemenrelevant
- **I**nteressant
- **T**ransparent
- **E**infach
- **L**eserfreundlich

Blogging Artikel Part I for Top or Flop

Immer wieder werden Blogger zu einseitigen Schreibern und das spiegelt sich in den Artikeln des Blogs wieder. Es gibt nichts Schlimmeres wie Langeweile beim Lesen. Der Mix macht es aus ob es ein Top oder Flop Artikel wird. Durch geänderte Darstellungen und Mut auch mal etwas anderes in seine Artikel zu packen leiten wir auch wieder die beständigen Leser sowie die Neuen auf dem Blog zu bleiben und auch mal durch die Artikel zu stöbern. Immer wieder hervorzuheben ist es, das wir unsere Leser wie Entertainer unterhalten wollen und das in Wort und Bild. Einen Mix, der kein Garant ist, doch einen Querschnitt durch die Möglichkeiten der Artikelvielfalt möchte ich heute beginnen.

Durch die unendliche Menge der Schreibweisen und der Blogthemen werde ich einfach mal mit den ersten 5 Artikelarten anfangen, die euch zum experimentieren einladen sollen. Ich bin mir sicher einige der Artikelarten werdet ihr schon verwenden und ihr werdet euch wieder finden. Welche Erfolge habt ihr denn mit den einzelnen Methoden gehabt? Ist euch ein Unterschied aufgefallen, in z.B. dem Kommentierverhalten? Mich freut es natürlich wenn ihr uns daran teilhaben lasst.

Tipp Artikel

Eine Variante, die häufig genutzt wird um sein Wissen mit anderen zu teilen. Die Fragestellung der Suchenden „Wie mache ich etwas" verweist sehr oft auf solche Artikel und es wird ein Wissensaustausch angestrebt. Blogger die solche Themen aufgreifen, sind oft schon lange dabei bzw. haben sie ein gutes Wissen um das von ihnen aufgebrachte Thema. Um es für euch besser darzustellen habe ich mir einen Artikel OPML Datei bereitgestellt[48] von dem Zentodone Blog herausgesucht. Da ist es sehr gut erkennbar worauf und mit welchem Wissen ein solcher Artikel entsteht.

Informativ Artikel

Der Grundaufbau eines jeden Blogs und uns allen bekannt. Informationen aus verschiedenen Genres und Nischen werden hier bedient. Ein Blog gibt sehr oft durch seine Themenwahl vor welche Informationen und vor allem in welcher Form diese weitergegeben werden. Eine Kombination von Blog und Wiki ist dort oft angesiedelt und wird auch genutzt. Denn wer sich diese Arbeit macht wird nicht umhin kommen bis in die Tiefe zu gehen und den Leser nicht im Regen stehen zu lassen. Solch eine Kombination findet ihr z.B. auf dem Serienwiki. Ein angeschlossener Blog lädt zum kommentieren und diskutieren ein, wobei die Basisinformationen direkt in dem Wiki zusammenlaufen. Ein Artikel im Blog sieht dann so aus Event Movie

---

[48]http://www.zentodone.eu/wordpress/index.php/opml-datei- ↩
    bereitgestellt-fr-technorati-freunde/

Vulkan[49]. Ein Beitrag oder besser gesagt die Basis seht ihr hier im Serienwiki[50] dargestellt.

Review Artikel

Eine Nachbetrachtung für einen Artikel den man sich gekauft hat, gespickt mit Informationen zum Handling können hier angebracht werden. Sehr oft wird es genutzt um Fehler zu vermeiden in dem man sich einfach etwas anderes Vorgestellt hat. Diese Art unterscheidet sich nicht sehr viel von einer Rezession, denn der Effekt ist ähnlich. Für mich ist die Trendlupe ein genau solcher Blog. Das es nicht immer nur Artikel sein müssen, sonder auch mal ein kulinarischer Tipp[51] seht ihr hier.

Aufgelisteter Artikel

Berüchtigte Blogger nutzen diese Artikelart um ganz klar heraus zu stellen welchen nutzen sie haben. Listen in der Art „Die 10 wichtigsten Plugins[52] die ein Blogger braucht" sind uns sicher im Gedächtnis geblieben und genau da setzt auch der Gedanke dieser Art an. Selten vergessen wir eine nützliche Auflistung, die uns mit Tipps versorgt. Egal wie oft wir durchs Internet suchen, solche Listen haben überblick und geben kurzerhand Auskunft ob wir sie brauchen oder nicht. Deswegen sollte solche eine Liste aber trotzdem ausgearbeitet sein, denn sonst ist nach dem Überfliegen (und das tun wir) schnell eine neue Suche eingegeben und der Erfolg bleibt aus. Hierfür werde ich kein Beispiel geben, da sie uns immer wieder auf allen Blogs entgegen springen.

Interview Artikel

Das Interview als gebündelter Artikel freut sich immer größerer Beliebtheit. In dem Artikel „Wer? Wie? Was? Webinterviews Nonstop[53] „ wurde ich einem Interview unterzogen und ihr habt dort schon festgestellt, das es sich um eine sehr strikte Art des Artikels handelt. Diese form wird genommen um Hintergrundinformationen

---

[49]http://blog.serienwiki.de/2009/10/rtl-event-movie-vulkan/

[50]http://www.serienwiki.de/serien/TwoAndAHalfMen/

[51]http://www.trendlupe.de/archives/781-Der-kulinarische-Tipp-Berlin ↩
   -Ristorante-Via-Parigi.html

[52]http://www.amazon.com/gp/product/1847193595?tag=bloggerworld-21& ↩
   link_code=ur2&creative=9494&camp=2514

[53]http://blogger-world.de/wer-wie-was-webinterviews-nonstop/

zu den einzelnen Seiten oder Blogs zu geben. Wer steckt dahinter oder welche Botschaft will der Webmaster eigentlich mitteilen? Um vergleichbare Auswertungen zu erhalten, ist es leider sehr oft Notwendig die gleichen Fragen zu stellen und eine zähe Langeweile kann aufkommen. Diese kann auch durch einen Mix an fragen sehr schnell wieder genommen werden sobald es sich nur um einen Interview Blog handelt. Auf einem anderen Blog besteht dadurch die Möglichkeit sich ein wenig Eigenwerbung zu erhaschen.

Jetzt ist es schon wieder ein langer Artikel geworden, doch bin ich wieder der Meinung, das es auf Grund der Thematik gerechtfertigt ist oder? Anders herum gedacht müsst ihr jetzt noch 4 weitere ertragen, die sich mit dem Thema Artikel befassen. Umso schöner ist es wenn ihr mir schreibt ob ich dort weiter machen soll oder einen Break einlege, damit ein anderes als nächstes kommt.

Blogging Artikel Part II for Top or Flop

Weiter geht es mit den nächsten 5 Möglichkeiten einen erfolgreichen Artikel zu schreiben. Ob ein Artikel Top oder Flop wird entscheidet ganz allein der Blogger, doch auch die Auswahl der Schreibweise unterstützt den Erfolg zu einem erheblichen Teil. Die folgenden Artikelarten sind durch ihren Einsatz schon mehrfach von Probloggern genutzt und mit hohem Traffic belohnt worden. Genau aus diesem Grund möchte ich sie euch vorstellen. An den Zugriffen der Suchmaschinen werdet ihr schnell den richtigen Artikelmix herausfinden und so euren Blog interessant zu machen. Also der Weg zu einem Top Blog ist nicht weit, greifen wir es an.

Fallstudien Artikel
Hier habt ihr die Möglichkeit eure Erfahrungen in den Artikel zu bringen. Dieses wird den neuen Bloggern oft schwer fallen, doch auch negative Erfahrungen sind gern gesucht und gelesen. Eine Begleitung durch andere Artikel ist eine sinnvolle Art und für den Leser nachvollziehbar. Solch einen Artikel findet ihr auch bei mir und es hatte sich herausgestellt, dass ein reges Interesse bestand. Die Kommentare und verschiedenen Ansichten waren der Erfolg der Reihe

„Twittern Bloggen Geld verdienen[54]", welcher auch in den SUMA's in den oberen Reihen zu finden ist.

Profil Artikel

Nein kein Profi Artikel ist gemeint, der Artikel nutzt das Profil einer bestimmten Person um etwas zu unterstützen bzw. den Lesern zu erklären. Nehmen wir an es gibt einen besonderen Blogger dessen Stil des Schreibens ihr besonders schätzt. Nutzt es um auf ihn zu verlinken, seine Besonderheiten auszuarbeiten und so eurem Leser direkt den Vorzug klar übermitteln zu können. Es ist bei Nischenblogs sehr oft ein Traffic Generator, da sich durch die Aufmerksamkeit des vorgestellten Blogger oft ein Besuch und Kommentar folgt. Das allein kann z.b. durch Twitter[55] einen Ausschlag geben, denn wenn ein angesehener Blogger schon kommentiert muss es ja gut sein oder?

Link Artikel

Verlinken ist die meist verbreitete Artikelart überhaupt. Eine besonders effektive Weise Informationen aufzubereiten. Nicht nur News Blogs nutzen diese, sondern auch alle anderen Blogger. Man linkt auf einen Favorisierten Artikel eines anderen Blog. Unterstreicht auch noch mit einem Kommentar seine Meinung ob Zuspruch oder nicht und erhält so auch Besucher aus anderen Genres auf seinem Blog. Durch diese sehr Content Sensitive Verlinkung hilft es dem eigenen Blog auch seinen Rank in den Suchmaschinen zu unterbauen. Viele oder besser gesagt eigentlich alle haben dadurch ihren Nutzen. Der Blogger sieht genau ob das Thema ansprechend genug ist und verlinkt wird. Je mehr Kommentare und Links umso größer ist natürlich die Chance auf Traffic, wenn man früh genug dabei ist und den Trackback setzt oder einen sinnvollen Kommentar hinterlässt.

Problem Artikel

Hier stehen nicht die persönlichen Probleme an erster Stelle. Gemeint sind Probleme die eine große Masse betreffen könnte. Als Beispiel nehme ich mal einfach ein Plugin welches durch ein Update nicht mehr funktioniert oder sich mit anderen ins Gehege kommt. Nicht

---

[54]http://blogger-world.de/twittern-bloggen-geld-verdienen-part-i/
[55]http://www.amazon.com/gp/product/0470529695?tag=bloggerworld-21& ↩
    link_code=ur2&creative=9494&camp=2514

immer haben wir die Chance einen Programmierer direkt zu kontaktieren. In solchen Fällen hilft einfach nur das Suchen nach Gleichgesinnten welche der Lösung schon ein bisschen näher sind. Es können in einem Fall helfende Artikel sein oder auch nur eine Unmut zu einem Problem. Doch sollte man es nicht nur um derTraffic[56] willen ein Problem herbeirufen, welches keines ist. Denn wie so oft im Leben ist der gute Ruf schneller kaputt als man denkt.

Battle Artikel
Battle ist eigentlich der Fight oder das Kräfte messen. Haben wir einen solchen Artikel wird es sich sehr oft um einen Vergleich 2er Dinge handeln. Die Ausarbeitung verlangt eine Objektivität, die schon einen gehobenen Anspruch an Artikel Recherche fordert. Vergleichen wir z.B. zwei Anbieter der Adwerbung[57] miteinander, kann und wird es sicherlich zu einer Diskussion auf dem Blog kommen. Wir dürfen natürlich nicht vergessen, dass auch bei solchen Artikeln es zu folgeschweren Einschnitten kommen kann. Die beiden Partner, welche gegenüber gestellt werden sollten schon mit handfesten Beweisen verglichen werden und nicht nur aus einer Laune heraus. Einfach zu schreiben „A ist besser wie B", weil das Bild auf der Indexseite mir besser gefällt, bringt rein gar nichts, außer vielleicht ein paar schmunzelnde Leser. Doch begründete und belegbare Vergleiche haben einen Kommentar Nährboden, der sich lange hinziehen kann.

Dies sind die weiteren 5 Artikelarten, welche sehr oft genutzt werden um seinen Blog zu füllen. Je nach Ausarbeitung, können sie hilfreich sein oder auch ein Zeichen für Desinteresse des Blogger. Gerade diese Aufstellung zeigt wieder einmal, dass Bloggen nicht mal eben gemacht ist. Wir sollten uns immer im klaren sein was wir tun und ganz besonders an Konsequenzen denken, die daraus entstehen können.

---

[56]http://en.wikipedia.org/wiki/Web%20traffic
[57]http://en.wikipedia.org/wiki/Advertising

Blogging Artikel Part III for Top or Flop

Immer mehr Artikelarten für den Blogger kommen zum Vorschein. Doch nur dadurch haben wir die Möglichkeit auf die Leser einzugehen. Jeder liest anders und möchte es am liebsten so haben, wie es für ihn am einfachsten ist. Top Artikel haben sehr oft eine gute Mischung aus allem. Oft helfen aber ganz bestimmte oder nur ein einziger um den ersten Hype und somit eine große Feedreader Leserschaft aufzubauen. Also folgen hier die nächsten in einer hoffentlich übersichtlichen Reihenfolge.

Ironischer Artikel

Die Ironie als solches hat einen ganz bestimmten Zweck. Durch Worte einen Punkt erwischen der zu einer Kontroversen führen kann. Die Kommunikation bleibt dort natürlich nicht aus, denn sehr oft wird da zwischen den Zeilen gelesen und es beginnt ein Spiel mit den Worten. Ganz geschickte Blogger geben solche Kommentare zu ihrem besten und genau durch die verschiedenen Ansichten entwickelt sich ein Reigen an Artikelkommentaren. Nur hier ist absolute Vorsicht geboten, denn es kann schnell zu einem Spießrutenlauf führen wenn es dort eingesetzt wird, wo alle Stimmen in die gleiche Richtung führen. Einige solcher Ironie Attacken werdet ihr dann später bereuen.

Motivations-Artikel

Für mich sehr schön zu beschreiben, denn ein für mich absolutes Motivations[58]-Talent ist Matthias mit seinem Meinungsblog. Ein besseres Beispiel kann ich euch nicht geben. Ideen haben, die die Zusammenhörigkeit stärkt. Viele Kommentare und Links auf den Plan rufen. Einfaches einfach halten und doch so effektiv sein wie man es sich selber wünscht. Wenn ihr immer noch nicht wisst was da abgeht dann schaut euch z.B. die Aktion „Nominiert als Weltbester Blogartikel aller Zeiten[59]" an. Ein Aufruf zur Verlinkung und des Voten, welches seines Gleichen sucht. Hut ab und Respekt es immer

---

[58]http://www.amazon.com/gp/product/1564147754?tag=bloggerworld-21&↩
link_code=ur2&creative=9494&camp=2514
[59]http://www.meinungs-blog.de/nominiert-als-weltbester-blogartikel-↩
aller-zeiten/

wieder so auf den Punkt zu bringen. Ein sicherer Problogger in der nächsten Zeit.

Abstimmungs-Artikel

Voten und Abstimmen helfen in einem Artikel sehr oft, die Basis für Artikel oder sogar Artikelreihen zu beginnen. Man lässt seine Leser einfach darüber bestimmen welches das Diskussionsthema ist. So werden viele Readergruppen erreicht und die verschiedenen Aussagen werden zum Top Thema werden und eine besondere Art der Diskussion kommt auf. Verschieden Ansichten prallen aufeinander und die verschiedenen Ansichten werden sehr oft zu mehreren guten Ergebnissen führen. Dauerhafte Votings[60] kommen nicht sehr gut an, doch immer wieder zwischendurch heben sie das Interesse vieler. Auswertungen erstellen uns die nötigen Plugins ja inzwischen selber und das Resume wird durch die Leser meist in den Kommentaren schon bestimmt. Also nicht mehr so viel Arbeit wie es früher einmal war.

Zusammentragender Artikel

Die Artikel mit dem meisten Aufwand unter allen finde ich. Es beginnt mit dem Aussuchen des Topics welches ihr für eure Leser vermitteln wollt. Dann beginnt es lesen und schreiben, Recherchen und Wissen müssen passen. Sucht die Blogs aus die dieses Thema schon behandeln, es noch frisch in der Blog Szene umherschwirrt. Schreibt nicht nur eure Ergebnisse, sondern Kommentiert auch dementsprechend auf den anderen Blogs. Namhafte Blogger und deren Diskussionen bieten einen Reiz, das quer Kommentieren und die Verlinkung bleibt nicht aus. Hierfür braucht man gute Kontakte und ein Zeitgefühl für das Erscheinen eines solchen Topics. Wer die Arbeit nicht scheut und sich an so was ran wagt, den wird sicher auch der Erfolg belohnen.

Kritik Artikel

Eine besondere Art ist der Kritik Artikel und einige Blogger haben sich dazu verschrieben, grundsätzlich an allem etwas zu finden was sie kritisieren können. Es sind aber meist nur Attacken auf den Blog oder die Person, welche dahinter steht. Neider wird es immer geben und solche Kritikblogger auch. Konstruktive Kritik ist dagegen sehr oft zu

---

[60]http://search.twitter.com/search?q=Votings

vermissen, doch die wesentlich bessere Art und Stil. Solche Hilfe wird meist gern angenommen und auch umgesetzt. Besonders wenn das Thema schon mehrfach durch den Kommentierenden getestet wurde. Auch hier wieder Vorsicht, sagt eure Meinung doch steht dazu und seit euch bewusst über alles was daraus entsteht.

So das war der Aufruf zum Endspurt für mich. Es stehen noch 4 oder 5 Artikelarten für mich auf dem Plan. Bis hierher war es ja eigentlich Einfach für mich (dabei habe ich mir schon Gedanken gemacht). Konnte ich denn die verschiedenen Arten verständlich vermitteln oder fehlt noch etwas zu eurem Glück?

Blogging Artikel Part IV for Top or Flop

Die letzten 5 Artikelarten sind für euch aufbereitet und ich hoffe ganz einfach, dass ich nichts Wichtiges vergessen habe. Nicht jeder kann mit den Artikeln zu den Top Rankings aufsteigen, schon gar nicht in ganz kurzer Zeit. Die Beständigkeit gibt den Ausschlag zum Erfolg. Damit ihr aber nicht an euch zweifelt und mit Kopfgrübeln zu kämpfen habt hier die letzten Arten für euch. Damit endet auch die kleine Serie Artikel for Top or Flop. Es gibt zwar noch einiges mehr zu berichten doch das später.

Rückbetrachtung Artikel
Jedes Jahr zu bestimmten Zeiten werden einige Events im Nachhinein betrachtet. Das langjährige Bestehen eines Blogs wie bei Steffi[61] z.B. oder eine erfolgreiche Titelserie finden immer wieder Zuspruch bei der Leserschaft. Es ist eine schöne Weise das Gute sowie anderes zu beschreiben und für alle noch einmal auf den Punkt zu bringen. Highlights werden herausgehoben und noch mal in Erinnerung gebracht, denn die Zeit und Artikel fliegen an uns vorbei. Also denkt mal drüber nach was euch alles begleitet hat und schreibt es nieder.

Spekulations Artikel
Berüchtigte Frage ist der Artikel Leitfaden der hier genutzt wird. Wir haben sie schon sehr oft und in den vielfältigsten Fragen gesehen.

---

[61]http://blog.blues-welt.ch/?p=821

„Was geschieht wenn es kein Twitter mehr gibt?" sind uns sicher noch geläufig oder? Es gibt da Möglichkeiten ohne Ende, doch müssen wir eine Frage stellen, die uns die Leserschaft auch anspricht um eine Diskussion darüber zu starten. „wird dieser Blog noch lange so weiter machen?" wäre die nächste Frage die ich euch stellen würde. Doch nicht in diesem Zusammenhang.

Debatten Artikel
Aufruf zur Debatte ist eigentlich immer ein guter Traffic Generator. Nein es ist nicht die Diskussion gemeint, die wir in Kommentaren unserer normalen Artikel haben. Hier werfen wir eine Diskussion voraus und zwar weil wir ein paar Dinge gegeneinander Vergleichen wollen. Also was sagt ihr zu A denn ich meine B ist besser. Mit dem richtigen Thema wird daraus eine schöne Debatte und der Artikel füllt sich schnell mit Kommentaren.

Satirischer Artikel
Nicht für jedermann das Richtige. Wortgewandtheit und ein hohes Wissen sind hier die Voraussetzung, die man mitbringen muss. Es gibt nur wenige die es für ihre Artikel nutzen und es auch können. Spaßige, humorvolle und Parodie Schreibweisen sind aber ein besonderer Reißer, da sie so selten sind. Jemand der es sehr gut kann und dazu auch noch mit dem Thema SEO findet ihr auf dem Psychic SEO Blog, zu lesen in dem Beispiel Linkbuilding ohne Kojoten[62].

Viraler Artikel
Ein besonderer Artikel ist der virale[63] Artikel. Ein Virus geht durchs Internet und es bestimmt für Tage die Szene. Motivierend zum mitmachen und Auslöser für einen Hype. Ihr habt eine Idee und startet einen Aufruf zu einer Aktion. Es grummelt und es treffen Trackbacks ein, Kommentare und Bestätigungen zum Aufruf. Auf den Punkt gebracht, der stärkste Artikel den man schreiben kann. Habt ihr solch eine Idee, dann raus damit. Seit begeisternd und steckt alle mit dem Virus an. Der Erfolg einer guten Idee wird ewig im Internet verweilen und auch immer wieder eine Diskussion wert sein.

So genug geschrieben zu den Artikelarten und deren Vorzüge. Dieses

---

[62]http://www.psychic-seo.de/1240-linkbuilding-ohne-kojoten/
[63]http://en.wikipedia.org/wiki/Viral%20marketing

Thema ist für mich erstmal beendet. Wenn ihr weiter Interesse an solchen Serien habt lasst es mich wissen. In nächster Zeit werde ich versuchen einige Dinge anzusprechen und bin auf eure Reaktionen gespannt. Schreiben werde ich weiterhin bis zu dem von mir festgehaltenem Zeitpunkt und dann werde ich weiter Entscheiden wie und was hier folgen wird.

Liegt die Würze in der Kürze? Oder sind lange Artikel besser?

Aus aktuellem Anlass mal ein paar Gedanken von mir bezüglich der Länge von Artikeln. Eben bin ich bei Twitter auf eine Frage von **Katja**[64] aufmerksam geworden. Sie überlegt ob Sie einen Artikel in eine Artikel-Serie unterteilt oder es ein einziger, aber dafür sehr langer Artikel werden soll. Die Antworten auf diese Frage waren verschieden. Mein Ratschlag war übrigens eine Artikel-Serie. Aber auch ein langer Artikel hat Vorteile. Ich möchte hier jetzt einmal versuchen ein wenig näher auf dieses Thema einzugehen.

Vor- und Nachteile für beide Varianten
In langen Artikeln lassen sich bequem ganz viele Informationen unterbringen. Man kann dem Leser eine durchgehende Geschichte

---

[64]http://www.kreativcash.de/

erzählen, mit Einleitung und einem Fazit um das Ende abzurunden. Ein langer Artikel kann also als ein Rundum Sorglos Informationspaket benutzt werden. Für einen Blogger ist es oftmals auch viel einfacher einen Artikel zu einem Thema einfach in einem Stück zu schreiben, ohne dabei zu überlegen wo man wohl die Grenze ziehen könnte um später die Fortsetzung in einem weiteren Teil zu schreiben. Natürlich kann man bei langen Artikeln auch hergehen und Anker setzen und diese dann auf die einzelnen Abschnitte verweisen lassen, sofern man den Inhalt etwas aufgeteilt hat.

Eine Artikelserie erfordert mehr Arbeit. Man muss den Inhalt eines Artikels schon ein wenig aufschlüsseln und gliedern damit man festlegen kann welche Information in welchen Teil geschrieben wird. Wenn alles doppelt und dreifach erzählt wird ist das nicht wirklich hilfreich. Eine Artikelserie in mehreren kurzen Artikeln bietet in meinen Augen den Vorteil die Einstiegsfläche für Suchmaschinenbesucher zu erhöhen und bei den Stammlesern so etwas wie Spannung zu erzeugen, wenn sie auf die Fortsetzung eines Informationpaketes warten. Allerdings kann man eine Artikelserie wohl noch so gut verlinken, nicht jeder Besucher wird es verstehen. Einige verlassen den Blog dann wieder obwohl sie nur 1 Mausklick von der gesuchten Info entfernt waren.

Beobachtungen
Ich selbst nutze hier ja auch zu 99% das Prinzip des langen Artikels. Und zumindest meine Stammleser quälen sich mittlerweile regelmäßig durch meine gestammelten Werke. Ich bemerke aber bei der Besucheranalyse recht häufig folgendes: Der Leser kommt auf den Blog, sieht den Umfang des Artikel und verschiebt es scheinbar erstmal sich weiter damit zu befassen. 4-5 Stunden später taucht er wieder auf und reagiert dann auf meinen Artikel. Bei kurzen Artikeln ist das Verhalten anders. Hier wird meist schon beim 1. Besuch ein Kommentar hinterlassen.

Beim Bloglesen stoßen **2 Faktoren** zusammen. **Neugier/Informationsbedarf und Zeit.** Wenn mich ein langer Artikel interessiert aber ich wenig Zeit habe, scrolle/skippe ich schnell durch, lege ein Lesezeichen an und kehre irgendwann wieder, wenn mehr Zeit ist. Viele Lesezeichen geraten aber durchaus in Vergessenheit.

Ein kurzer Artikel passt da schon eher wenn ich glaube die Uhr im Nacken zu spüren. Während ich bei einem langen Artikel noch lese kann ich mit bei einem kurzen Artikel schon dem Kommentar widmen (Stichwort: Email Subscription).

Ich fasse zusammen: Habe ich ein umfangreiches Thema vor mir, dann sagt mir mein Bauchgefühl ich sollte es in 2-3 Artikel aufteilen. Allerdings möchte ich jetzt keine von beiden Varianten als die bessere rauspicken. Schreibt man lange Artikel sollte man verstärkt auf die Gliederung achte. Bei kürzen Artikeln die sich zu einer Serie verbinden sollen muss die Verlinkung stimmen. Die verfügbare Lesezeit eines Besuchers ist jeden Tag verschieden. Man wird wohl nie 100% der Besucher zufrieden stellen können.

Wie sind eure Erfahrungen mit langen Artikeln und Artikelserien? Reagieren eure Besucher ähnlich? Und wie geht ihr selbst mit langen Artikeln und kurzen Artikeln/Artikelserien um? Lesezeichenmethode oder doch durchbeißen, egal wieviel Zeit gerade ist?

Verwandte Artikel:

1. Kooperatives bloggen oder Content Sharing[65]

2. Es liegt auf der Zunge – Synonyme nutzen[66]

3. Traffic-Artikel schreiben ohne Leser zu vergraulen[67]

4. Entwürfe für neue Artikel, wieviele hast du?[68]

5. Blogkommentare sind auch Vorstellungsgespräche[69]

6. Der Blogger als Diskussionsleiter[70]

---

[65]http://www.online-cash.org/kooperatives-bloggen-oder-content- ↩
sharing/
[66]http://www.online-cash.org/es-liegt-auf-der-zunge-synonyme-nutzen ↩
/
[67]http://www.online-cash.org/traffic-artikel-schreiben-ohne-leser- ↩
zu-vergraulen/
[68]http://www.online-cash.org/entwurfe-fur-neue-artikel-wieviele- ↩
hast-du/
[69]http://www.online-cash.org/blogkommentare-sind-auch- ↩
vorstellungsgesprache/
[70]http://www.online-cash.org/der-blogger-als-diskussionsleiter/

Hallo Blogger – Sei authentisch! Sei du selbst!

Gestern hat Peer auf seinem Blogprojekt einen interessanten Artikel mit dem Thema "**Dürfen nur Experten bloggen?**[71]" veröffentlicht. Der Artikel zielt darauf ab Blog-Anfängern die Zweifel zu nehmen ob sie überhaupt qualifiziert sind zu bloggen. Diese Frage hat sich ja bestimmt schon so mancher Blogger gestellt der sich einem bestimmten Thema widmen möchte.

Ich möchte gerne dabei mithelfen, evtl. schaffe ich es ja auch den ein oder anderen vorhandenen Zweifel (auch bei mir selbst) mit diesem Artikel zu verscheuchen. Vorab sei schonmal gesagt, ich finde jeder der Interesse daran hat sollte bloggen. Allerdings gibt es in meinen Augen eine enorm wichtige Sache die man dabei beachten sollte.

Um zu bloggen muss man wie gesagt kein Experte sein und das

---

[71]http://www.blogprojekt.de/2009/09/11/blog-start/duerfen-nur- ↩
experten-bloggen/

Thema dem man sich widmen möchte nicht studiert haben. Allerdings sollte man **authentisch sein** wenn man einen Blog schreibt.

Authentisch sein!... Wie geht das?

Im Grunde ist es ganz einfach authentisch zu bloggen, denn man muss sich nicht verstellen, kein Expertenwissen vortäuschen oder gar Lügen um etwas zu verschönern. Schreibt man zu einem bestimmten Thema gibt man den Lesern einfach die Information weiter die man selbst (verstanden) hat. Es ist also keinesfalls verwerflich wenn der eigene Artikel mal ein paar Informationslücken aufweist oder man sogar Fragen an die Leser richtet. Es lockt oftmals sogar Leser und Kommentatoren an wenn sie einen Artikel entdecken den Sie mit eigenem Wissen noch ergänzen können. Ich selbst finde es auch immer toll wenn ich einem Artikel noch etwas beisteuern kann. Ein Expertenartikel der wirklich bis ins allerkleinste Detail ausgearbeitet ist bietet zwar viel Stoff für Informationssammler, aber eine Diskussion entfesselt er eher selten. Denn was soll man als Leser noch groß dazu beitragen außer vielleicht ein Dankeschön für die Lektüre?

Eine Sache die man unbedingt vermeiden sollte ist es sich als Experte verkaufen zu wollen wenn man keiner ist. So etwas begegnet mir jedoch besonders in den Themenbereichen Geldverdienen/Marketing/SEO immer wieder.

Ein kurzes Beispiel ist ein Artikel mit dem Titel *"Monatlich 2000 Euro mit einem Blog verdienen"*. Der Blogger, der gerade mal seit 2 Wochen bloggt, verrät darin **seine Methode** mit der er schon seit Monaten sehr viel Geld mit seinem Blog verdient. Soetwas ist dann **definitiv nicht authentisch** und bis auf wenige Ausnahmen wird ihm das niemand glauben. Natürlich kann man auch als Blog-Anfänger solche Artikel schreiben. Aber es kommt auf die Formulierung an. Wenn man schreibt dass es **eine Methode** sein soll um monatlich 2000 Euro zu verdienen, so ist es OK. Schreibt man noch dazu dass man diese Methode selbst probieren möchte so wirkt es authentisch und fesselt gleichzeitig ein paar Leser die möglicherweise das Experiment mitmachen wollen.

Ich selbst muss an dieser Stelle auch eingestehen meinen Blog diesbezüglich falsch begonnen zu haben. Ich habe mich thematisch ausschließlich Paid4-Diensten gewidmet als ich letztes Jahr anfing hier zu bloggen. Daher auch der Domainname. Einige Artikel aus der Anfangszeit waren schon gut mit kleinen Übertreibungen bzgl. des Verdienstes gefüttert. Schließlich sollten ja Refs über diese Artikel geworben werden. Mittlerweile sind die Artikel gelöscht und ich habe erkannt das man mit Authentizität mehr erreicht. Man darf auch mal meckern.

Keine Scheu und losgebloggt. Auch mit Artikeln die nicht perfekt sind erreicht man etwas. Zum Beispiel kann man mit den Lesern zusammen lernen und auf angenehme Weise ständig das eigene Wissen erweitern. Ihr werdet immer, egal welcher Thematik ihr euch widmet, auf Leser und Kommentatoren treffen die mehr wissen als ihr. Aber ebenso wird sich immer jemand finden der euch für eure Informationen dankbar ist, eben weil er etwas von euch gebloggtes noch nicht wusste.

Verwandte Artikel:

1. Total Social – Blogger meets Blogger[72]

2. Der Blogger als Diskussionsleiter[73]

3. Frohes neues Jahr! Vorsätze für das Blogger-Jahr 2010?[74]

4. Lob mich! Ist Anerkennung für Blogger ein Risiko?[75]

5. Falsche Erwartungen an einen Blog?[76]

6. Blogkommentare sind auch Vorstellungsgespräche[77]

---

[72]http://www.online-cash.org/total-social-blogger-meets-blogger/
[73]http://www.online-cash.org/der-blogger-als-diskussionsleiter/
[74]http://www.online-cash.org/frohes-neues-jahr-vorsatze-fur-das- ↩
blogger-jahr-2010/
[75]http://www.online-cash.org/lob-mich-ist-anerkennung-fur-blogger- ↩
ein-risiko/
[76]http://www.online-cash.org/falsche-erwartungen-an-einen-blog/
[77]http://www.online-cash.org/blogkommentare-sind-auch- ↩
vorstellungsgesprache/

Kein Augenkrebs für Blogleser bitte!

Mal wieder ein reißerischer Titel, ich weiß. Wer hier schon mehrfach reingeschaut hat wird aber bemerkt haben das ich solche Aufmacher liebe. Alternativ hätte ich diesen Artikel aber auch "**Die kleine Farblehre für Blogger**" nennen können. Aber weg vom Titel und hin zum Inhalt.

Über die kleine **Blogparade**[78] von Sascha bin ich gestern auf dem **Blog von Andi**[79] aufgeschlagen. Die Blogparade dreht sich um das Thema Kritik am Blogdesign[80]. Blogger sollen sich dabei gegenseitig unterstützen und auf Dinge hinweisen die Ihnen verbesserungswürdig erscheinen. Auf Andis Blog fiel mir besonders die Farbwahl auf, er benutzt(e) teilweise sehr kräftige Farben die das Auge merklich anstrengten und Text schwer lesbar machten. Während der liebe Andi nun mit den Farben experimentiert nutze ich meine Gedanken dazu für einen Artikel.

Nicht jeder Blogger hat ein gutes Gespür für die Farben die er auf seinem Blog verwendet. Die allermeisten Blogger benutzen ein The-

---

[78]http://sascha-oertlin.com/2009/08/26/wanted-pingelige-kritiker- ↵
die-den-mund-aufkriegen/
[79]http://blog.servervoice.de/
[80]http://www.blogpflichtig.de/das-thesis-theme-fur-wordpress- ↵
kreative-freiheit-fur-blogger/

mewelches von vornherein mit einer ausgewogenen Farbwahl ausgestattet ist und müssen sich deshalb nicht besonders mit diesem Thema befassen. Ab und an begegnen mir allerdings auch Blogs die wirklich ins Auge stechen, und das nicht wegen der tollen Artikel.

Generell ist es nicht schlimm **kein gutes Auge für Farben** zu haben, bei jedem Blogger liegen die Talente anders verteilt. Ich behaupte von mir ein recht gutes Auge für Farbkombinationen zu haben, dafür liegen mir andere Bereiche des Blog-Alltags nicht so besonders. Einzelne Sachen im Code des Themes zu bearbeiten ist für mich teilweise immer noch wie ein Gang durch eine Pyramide, so viele Hieroglyphen überall.

Eine schlechte Farbwahl auf dem eigenen Blog zu verwenden muss aber nicht nur etwas mit einem schlechten Auge zu tun haben. Es kann auch ganz einfach am Monitor liegen. Fast jeder Monitor stellt eine Webseite etwas anders dar, denn überall sind die Einstellungen für Helligkeit, Kontrast und Co. verschieden. Besonders bei Laptops fällt sowas auf, bei älteren Modellen ändert sich die Optik je nach Winkel des Bildschirms.

An dieser Stelle wollte ich euch nun eigentlich mein Lieblingstool zur Farbwahl vorstellen, allerdings ist die Seite schon seit längerer Zeit im Umbau und das Tool funktioniert nicht. Aber ich habe ebenso geniale Alternativen gefunden.

Passende Farben findenUnter **ColorschemeDesigner.com**[81] und **Colourlovers.com**[82] findet ihr ebenfalls sehr gute Tools welche euch bei der richtigen Farbwahl unterstützen können und tolle Anregungen liefern. Ausgehend von einer Hauptfarbe kann man schnell eine Menge Sekundärfarben finden die die Optik abrunden. Mit der Verwendung von milden Farben ist man generell auf der sicheren Seite um das Auge des Betrachters zu schonen. Kräftige Farben sollten nur als Highlights verwendet werden und wenn möglich keinen größeren Flächen füllen. Die vielen neuen Seiten Web2.0 Style bieten dazu häufig tolle Anregungen.

---

[81]http://colorschemedesigner.com/
[82]http://de-de.colourlovers.com/

Wenn man sich für ein Farbschema inkl. Textfarben entschieden hat kann es nicht schaden sich zusätzlich Meinungen von Freunden und Kollegen einzuholen. Je mehr Meinungen und unterschiedliche Monitore desto besser.

Verwandte Artikel:

1. Blogparade: Kritik bitte![83]

2. Die neue Domain und wie es weitergeht[84]

3. Blogkommentare sind auch Vorstellungsgespräche[85]

Papierkorb schonen: Gastartikel schreiben und anbieten

Vorgestern habe ich mich per Google Talk mit Matthias von **Zentodone.eu**[86]unterhalten. Dabei kamen wir auch auf vorgeschriebene Artikel zu sprechen. Gründe für vorgeschriebene Artikel sind vielfältig. Einige Blogger tippen ihre Artikel am Wochenende vor weil unter der Woche die Zeit dafür fehlt. Andere geraten manchmal in einen regelrechten **Kreativ-Wahn** und schreiben 3-4 Artikel auf einmal. Da es unsinnig ist dann alle Artikel auf einmal zu veröffentlichen bleiben diese erstmal als Entwurf erhalten oder werden mit Startzeit geplant.

---

[83]http://www.online-cash.org/blogparade-kritik-bitte/

[84]http://www.online-cash.org/die-neue-domain-und-wie-es-weitergeht/

[85]http://www.online-cash.org/blogkommentare-sind-auch- ←↩
vorstellungsgesprache/

[86]http://www.zentodone.eu/wordpress/index.php/wie-viele-nicht- ←↩
gepostete-artikel-sind-dir-schon-zum-opfer-gefallen/

Matthias hat bei sich das Phänomen beobachtet mit einem Artikel plötzlich nicht mehr einverstanden zu sein sobald eine Nacht darüber geschlafen wurde. Ein Problem das ich nachvollziehen kann. Zwar veröffentliche ich fast alles was ich geschrieben habe, aber auch bei mir sind in den letzten 6 Monaten schon 1-2 Artikel aus dem Draft in den Papierkorb gewandert. Und das obwohl sie eigentlich nur auf die Veröffentlichung warteten. Ich denke auch die meisten anderen Blogger kennen diese Situation. Aber was macht man nun mit solchen Artikeln die einem dann doch nicht ganz zusagen?

Ich empfinde die in letzter Zeit wieder häufig angesprochenen Gastartikel als eine mögliche Lösung. Gastartikel sind jedoch nicht nur eine Lösung für Artikel die man nicht mehr leiden mag, sondern auch für Artikel die wohlmöglich gar nicht erst geschrieben werden. Also Artikel die den eigenen Kopf nie verlassen habe. Auch das Phänomen der nicht geschrieben Artikel wird fast jeder kennen. Insbesondere Blogger die sich mit ihrem Blog einem bestimmten Thema widmen. Wenn ein Artikel nicht ins eigene Blog passt wird er also oft aus dem Kopf gestrichen. Das ist schade, denn bestimmt hätte man trotzdem eine interessante Geschichte zu erzählen. Auch hier wäre der Gastartikel eine Lösung.

Daniel von **Geldkrieg.de** hat im August in einem Artikel sehr schön die Vorteile von Gastartikeln und Gastbloggern veranschaulicht. Ich möchte euch seine Gedanken hier einfach mal als Zitat wiedergeben:

Vorteil für den Gastblogger
Ein Gastblogger präsentiert sich und seinen Blog durch einen Gastartikel in erster Linie einem ganz neuen Leserkreis. Sicherlich werden einige den Blog des Gastbloggers schon kennen, für andere wiederum wird sowohl der Autor als auch dessen Seite noch unbekannt sein. Zusätzlich zu diesem neuen Leserkreis bekommt der Gastblogger innerhalb des Gastartikels meistens einen schönen exclusiven DoFollow Link, der eure eigene Seite stärkt.

Vorteil für euch als Blog Besitzer
Für euch steht hier natürlich ganz klar der neue Content im Vordergrund. Dieser kann zum einen z.B. dazu genutzt werden Blogpausen durch Urlaub oder fehlende Kreativität auszugleichen und zum anderen wird der neue Inhalt natürlich auch in den Suchmaschinen gefunden werden und beschert euch so indirekt einige neue Besucher. David hatte im vergangenen Jahr in der Zeit seines Urlaubs jeden Tag einen Gastartikel veröffentlicht und diese Gastartikel sogar an ein spezielles Gewinnspiel gekoppelt. So gab es für die Gastautoren einen Anreiz einen Artikel für Geldkrieg zu schreiben, zum anderen profitierten die Leser durch die neuen Artikel.

Vorteile für eure Leser
Ich hatte es eben schon ganz kurz angedeutet: Auch die eigenen Blogleser profitieren von Gastartikeln. Durch einen anderen Autor und dessen Schreibstil kann das behandelte Thema zum Beispiel von einer ganz anderen Seite beleuchtet werden, als sie es vllt. von euch als Blogautor gewohnt sind. So können allein durch einen Gastartikel ganz neue Sichtweisen und Diskussionen zu einem Thema entstehen, die es so auf dem Blog bisher nicht gegeben hat.

Hier findet ihr den ganzen Artikel: `www.geldkrieg.de`[87]

Worauf ich nun hinaus möchte ist die Tatsache das unpassende Artikel, egal ob schon geschrieben oder nur im Kopf vorhanden durchaus einen Nutzen haben können. Ein Artikel, der auf dem eigenen Blog

---

[87]`http://www.geldkrieg.de/archives/vorteile-von-gastbloggern-und-` ↩
`gastartikeln/`

nicht passt kann auf einem anderen Blog durchaus einen toller Gastartikel werden von dem im besten Fall die 3 von Daniel genannten Parteien profitieren.

Stichwort: Gastartikelverleih

Immer wieder suchen Blogger nach fleißigen Gastartikelschreibern. Sei es wegen geplantem Urlaub, wegen einer Kreativpause oder um den eigenen Bloglesern etwas Abwechslung zu bieten. Ein schönes Beispiel dafür findet man momentan bei **Plerzelwupp.de**[88]. Mein Vorschlag ist nun folgender. Artikel die nicht passen bloß nicht löschen, sondern sie in einem Word-Dokument abspeichern und archivieren. Ausserdem kann man Artikel die einem im Kopf herumgeistern aber für den eigenen Blog unpassend sind trotzdem schreiben. Da kommt dann der Gastartikelverleih ins Spiel.

So ziemlich jeder Blog sollte Platz für eine Unterseite mit Namen *"Gastartikel"* oder *"Gastartikelverleih"* haben. Dort könnte man Artikel die man selbst nicht veröffentlichen kann/möchte den Mitbewohnern in der Blogossphäre anbieten. Der Titel und eine kurze Inhaltsangabe sollten dafür schon ausreichen. Interessierte Blogger könnten sich dann die Themen anschauen und ggf. Kontakt aufnehmen wenn sie einen Artikel gerne als Gastartikel bei sich sehen würden.

Ihr seht, statt plump den Papierkorb zu befüllen (der ja bald auch in Wordpress integriert werden soll) kann man mit Artikeln wesentlich mehr anstellen und auch mit Themen die einem nicht mehr in den Kram passen einen Mehrwert schaffen. Auch wenn die Vorteile oben schon klasse zusammengefasst sind gebe ich das Ganze nochmal in eigenen Worten wieder. Durch solch einen Gastartikel macht man Werbung für sich selbst, denn als Gastartikelschreiber sollte man auf jeden Fall verlinkt werden. Der Gastartikel macht dem Blog auf dem er veröffentlich wird Freude, der Blogger hat kann in stressigen Lebensphasen auf einen fertigen Artikel zurückgreifen, und seinen Lesern Abwechslung bieten.

Eine Unterseite auf der man Gastartikel verleiht kann zudem ein interessanter Besuchermagnet für den eigenen Blog werden. Auch

---

[88]http://www.plerzelwupp.de/gastautoren-gesucht/

die gegenseitige Verlinkung kann dadurch gefördert werden wenn man darauf hinweißt auf welchen Blogs man schon einen Gastartikel platziert hat.

Was haltet ihr von der Idee des Gastartikelverleihs? Ist doch allemal besser als Themen ungeschrieben zu lassen oder fertige Artikel wieder zu löschen, oder? Ich werde, sobald mir mal wieder ein für meinen Blog unpassendes Thema durch den Kopf schwirrt, die Kategorie hier anlegen. Vorausgesetzt ich habe auch die nötige Zeit den Artikel zu schreiben. Aber das klappt schon, allein der Neugier wegen wie meine Idee ankommt.

Verwandte Artikel:

1. Traffic-Artikel schreiben ohne Leser zu vergraulen[89]

2. Der Test: Wie schnell kannst du schreiben?[90]

3. Kooperatives bloggen oder Content Sharing[91]

4. Schreiben wie ein Profi: Artikel, Berichte, Briefe, Pressemeldungen, Protokolle, Referate und andere Texte[92]

5. Total Social – Blogger meets Blogger[93]

6. Blogparaden, Stöckchen und Blog-Awards[94]

---

[89]http://www.online-cash.org/traffic-artikel-schreiben-ohne-leser- ↩
zu-vergraulen/
[90]http://www.online-cash.org/der-test-wie-schnell-kannst-du- ↩
schreiben/
[91]http://www.online-cash.org/kooperatives-bloggen-oder-content- ↩
sharing/
[92]http://www.online-cash.org/schreiben-wie-ein-profi-artikel- ↩
berichte-briefe-pressemeldungen-protokolle-referate-und-andere- ↩
texte-broschiert/
[93]http://www.online-cash.org/total-social-blogger-meets-blogger/
[94]http://www.online-cash.org/blogparaden-stockchen-und-blog-awards/

Kooperatives bloggen oder Content Sharing

Gerade eben habe ich mal wieder eine Artikelserie auf einem Blog bestaunt als mir eine Idee kam die mich hier ins eigene Dashboard zurückgetrieben hat. Wie wäre es denn mal mit kooperativem bloggen? Blogs mit identischen Themen gibt es doch mehr als genug. Ich werde die Idee mal etwas verdeutlichen, damit auch jedem Leser klar wird was mir gerade durch den Kopf schwirrt.

Zuerst einmal, Kooperative Blogs nicht mit Corporate Blogs verwechseln. Corporate Blogs sind Blogs von Unternehmen. Mir geht es aber um die Hobbyblogger und etwas ganz anderes. Fast jeder erfahrene Blogger hat schon einmal darüber nachgedacht eine Artikelserie zu schreiben oder bereits eine eigene geschrieben. Ein schönes Beispiel für solch eine Serie ist die ”**Traffic durch Artikel**[95]” Reihe von Sascha.

Meine Idee ist relativ schnell beschrieben. Warum nicht mal hergehen, ein paar Blogger aus dem Bekanntenkreis zusammentrommeln, die ähnliche Themen bevorzugen und gemeinsam solch eine Serie starten. Wobei dann abwechselnd auf allen Blogs ein Teil der Serie veröffentlicht wird. Man müsste natürlich vorher gemeinsam Thematik, Struktur, die Anzahl der Teile und die Aufgabenverteilung

---

[95]`http://sascha-oertlin.com/2009/07/14/traffic-durch-artikel-how-to` ↵
`-linksammlung/`

abklären. Jeder Teilnehmer verfasst den ihm zugewiesenen Teil dann nach bestem Wissen und Gewissen und so ausführlich es geht.

Was würde das bringen? Nun, ich denke durch solch eine Aktion könnte man zum einen interessierte Leser auch auf die Blogs anderer Schreiber aufmerksam machen und so quasi die Besucher und die Aufmerksamkeit teilen. Auch würde sich die Kommunikation und Verlinkung unter den Bloggern wohl weiter verbessern und Kontakte intensivieren wenn man gemeinsam an so etwas arbeitet. Kooperatives bloggen bzw. Content Sharing hätte also eher einen sozialen Aspekt, und könnte meiner Meinung nach sogar richtig Spaß machen. Größere, bekannte Blogger könnten Anfängern mit einer so einer Aktion unter die Arme greifen und ihnen so ggf. auch gleich auf den Zahn fühlen bezüglich der Artikelqualität. Eine Artikelserie in Kooperation mit einem großen Blog, da träumt man doch als Anfänger von und wird sein bestes geben.

Was spricht dagegen? Einige werden mir jetzt in Gedanken wohl einen Vogel zeigen, denn Content ist Macht! Naja vielleicht etwas übertrieben, aber ich denke mancher wird seine Serie wohl lieber alleine auf die Beine stellen um die Besucher, Kommentare und mögliche Werbeeinnahmen ganz für sich alleine zu behalten. Ist auch nachvollziehbar, ich würde auch nicht jede Idee und jedes Thema über das ich hier blogge teilen wollen.

Was haltet ihr von der Idee? Würdet ihr euch mit eurem Blog an solch einer Serie beteiligen und notfalls auch die Idee dafür liefern? Oder bloggt ihr dann lieber selbst nach und nach alle Teile der Serie? Meine erste zaghafte Suche bei Google hat mir zu dem Thema keine brauchbaren Ergebnisse gebracht, wenn meine Idee jedoch ein alter Hut sagts mir ruhig, ich bin ja auch erst knapp 1 Jahr dabei.

Verwandte Artikel:

1. Wochenende: Bloggen oder nicht bloggen?[96]

2. Liegt die Würze in der Kürze? Oder sind lange Artikel besser?[97]

---

[96]http://www.online-cash.org/wochenende-bloggen-oder-nicht-bloggen/
[97]http://www.online-cash.org/liegt-die-wurze-in-der-kurze-oder-sind ↩
-lange-artikel-besser/

3. Adsense Sharing als Verdienstmethode[98]

4. Bloggen und Twittern ganz einfach – das Taschenbuch[99]

5. Blogger sind... zum schmunzeln![100]

6. Blogkommentare sind auch Vorstellungsgespräche[101]

Die magische Anziehungskraft von Listen

Mir fällt in letzter Zeit immer wieder auf, wie stark die Blogospähre doch täglich von Artikeln in Listenform durchflutet wird. Die 10 besten Wordpress-Themes, 15 unwiderstehliche Plugins, die 20 größten Fehler beim bloggen usw usw. Die Liste der Listen (welch Wortspiel) ließe sich fast unendlich fortsetzen. Besonders interessant ist die Tatsache dass diese Listen immer wieder als absoluter **Besuchermagnet** herausstechen. Große Online-Magazine arbeiten regelmäßig interessante Webfundstücke in solchen Listen auf, und die Besucher strömen. Man kann fast schon den Vergleich "**Was der Motte ihr Licht, ist dem Blogger die nächste Top-Liste**" anstellen.

Doch nicht nur Artikel mit Listen ziehen an. Auch diverse Rankings und Hitparaden haben eine ähnliche Wirkung. Die Deutschen Blogcharts, das Wikio-Ranking, die Topliste der User mit den meisten Followern bei Twitter, die Gehaltslisten diverser Top-Manager und viele viele andere. Alles wirkt automatisch ein wenig anziehend, man würde jederzeit einem Blick riskieren und selbst ebenfalls gerne in dieser Liste zu sehen sein. Ich möchte jetzt jedoch nicht auf die deutschen Singlecharts oder ähnliches eingehen, sondern mich nur mit dem für Blogger relevanten Teil befassen. Nämlich die erwähnten Artikel in Listenform.

---

[98]http://www.online-cash.org/adsense-sharing-als-verdienstmethode/
[99]http://www.online-cash.org/bloggen-und-twittern-ganz-einfach- ↩
broschiert/
[100]http://www.online-cash.org/blogger-sind-zum-schmunzeln/
[101]http://www.online-cash.org/blogkommentare-sind-auch- ↩
vorstellungsgesprache/

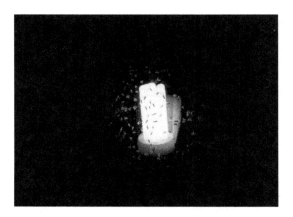

Und wer genauer darüber nachdenkt kommt dem Geheimnis des Erfolges auch relativ schnell auf die Spur. Nehmen wir mal das Beispiel der 10 schönsten Wordpress-Themes. Schreibe ich einen Artikel darüber und verpacke alles in einem durchgehend fließenden Text, ohne Absätze wird der Artikel nicht häufig gelesen. Vermutlich weil der Zeitaufwand den Nutzen nicht unbedingt aufwiegt.

Schreibe ich den Artikel jedoch in Listenform sieht das Ganze komplett anders aus. Ein kleiner Screenshot zu jedem Theme, eine kurze und aussagekräftige Beschreibung sowie ein Link zum Download. Schon hat man die selbe Information viel ansprechender und übersichtlicher verpackt. Das freut den Leser.

Die Übersichtlichkeit einer Liste ist in meinen Augen das Hauptargument für ihren Erfolg.

Eine Liste mit allen wichtigen Infos in Kurzform nimmt einem Artikel die Komplexität und bringt sofort Ordnung ins Chaos der Informationen. Soetwas gefällt dem Leser natürlich und erhöht die Wahrscheinlichkeit wiederkehrender Besucher enorm.

Ich bilde da auch keine Ausnahme, entdecke ich eine Liste mit interessanten Informationen gibt es im Normalfall ein Lesezeichen um später alles genauer anzuschauen. Ich muss mir ja schließlich keine Sorgen machen erneut einen Textberg durchforsten zu müssen sondern weiß dass ich auf eine übersichtliche Liste treffe. Aus diesem Grund lassen sich Listenartikel auch perfekt empfehlen (täglich tausende Male auf Twitter zu erleben). Eine Liste kann ich sofort guten Gewissens weiterempfehlen und weiß das der Empfänger die Liste ebenso aufnimmt wie ich. Im Vergleich zu einem langen Text ein klarer Vorteil. Der Empfänger wird nicht sehr begeistert sein wenn ich ihm einen Link mit dem Hinweis zusende *"Da irgendwo im Text ist die Information, ich glaube du musst 2-3x scrollen bis du sie findest"*.

Jeder leidenschaftliche Blogger wird sich natürlich dagegen sträuben künftig nur noch solche Listen anzufertigen. Der Reiz des bloggens ist es ja sich auch mal längere Artikel von der Seele zu schreiben. Ich bin jedoch sehr experimentierfreudig und werde es in Zukunft mal mit dem ein oder anderen Artikel in Listenform probieren. Stelle ich doch auf meinem Blog schon fest das Artikelüberschriften die eine Liste andeuten gut besucht werden (Meine liebsten Wordpress-Plugins zum Beispiel). Vielleicht probiert es ja der ein oder andere auch mal aus wenn kein passendes Thema für einen neuen Artikel in Sicht ist. Ich glaube fest daran das solche Artikel für jeden Blog eine Bereicherung darstellen und helfen die Popularität zu steigern, nur übertreiben sollte man es nicht.

Einen richtig tollen Artikel der sich eingehend mit der Faszination von Listen befasst findet ihr hier: **Top10 – zehn Punkte, warum wir Listen lieben**[102]. Wirklich lesenswert.

Verwandte Artikel:

1. Total Social – Blogger meets Blogger[103]

Wochenende: Bloggen oder nicht bloggen?

Für die meisten ist es bereits Freitags soweit, am frühen Nachmittag wird das Wochenende eingeläutet. Ich habe in den letzten Wochen meinen Feedreader stark erweitert und wieder viele neue Blogs unter

---

[102]http://karrierebibel.de/top-ten-%E2%80%93-10-punkte-warum-wir- ↵
    listen-lieben/
[103]http://www.online-cash.org/total-social-blogger-meets-blogger/

Beobachtung. Dabei ist mir aufgefallen das sich bei vielen Bloggern die Artikelfrequenz und auch die Artikelinhalte mit Beginn des Wochenendes schlagartig ändern.

Einige Blogger scheinen das Wochenende als willkommene Pause anzunehmen und sind bis zum nächsten Montag quasi aus der Bloglandschaft verschwunden. Andere liefern nur kurze Artikel in Form von *"Meine Links fürs Wochenende"*. Dort werden dann ein paar interessante und lesenswerte Artikel anderer Blogs verlinkt und knapp vorgestellt. Und bei ein paar Bloggern explodiert der Artikelzähler jedes Wochenende aufs neue, da ist das Wochenende wohl die richtige Zeit für die kreative Hochphase.

Ich selbst tendiere auch eher zu letzterem, nämlich am Wochenende mehr zu schreiben als unter der Woche. Nachdem ich an manchem Montag erschrocken auf mein Girokonto schauen musste weil ich das Wochenende mal wieder exzessiv ausgelebt hatte, habe ich schon vor längerer Zeit beschlossen es besonders Freitags und Samstags sehr ruhig angehen zu lassen und viel häufiger mal zuhause zu bleiben. Da bietet es sich zwangsläufig an sich auch ein wenig mehr mit dem Blog zu beschäftigen.

Auf einigen Marketing-Blogs habe ich nun mehrfach gelesen der "erfolgreiche Blogger" (damit sind wohl die Blogeinnahmen gemeint) solle ganz besonders das Wochenende nutzen um eigene Artikel zu veröffentlichen, denn dann wäre die Zahl der Nutzer sehr viel höher als unter der Woche. Das kann ich so nicht bestätigen oder verneinen, ich habe an den freien Tagen noch keine aussergewöhnlichen Besucherspitzen auf meinem Blog bemerkt. Wie nutzt ihr das Wochenende? Bloggen, nur Artikel vorbereiten oder gilt das Motto *Finger weg vom Blog*?

Verwandte Artikel:

1. Kooperatives bloggen oder Content Sharing[104]

2. Wochenende: 2x schmunzeln, 1x Rot werden[105]

---

[104]http://www.online-cash.org/kooperatives-bloggen-oder-content- ↩
sharing/
[105]http://www.online-cash.org/wochenende-2x-schmunzeln-1x-rot-werden ↩
/

3. Kommentare – was man beachten sollte![106]

4. Frohes neues Jahr! Vorsätze für das Blogger-Jahr 2010?[107]

5. Total Social – Blogger meets Blogger[108]

6. Wochenende: Eier in der Hose, Lyrik für Legosteine, das Haekelschwein und viele Flugzeuge[109]

Blogging SEO Titel for Top or Flop

Die grundsätzlichen Dinge der Titelgestaltung haben wir in dem letzten Artikel[110] schon deklariert. Folgend wurde auch nach dem so genannten SEO Titel gefragt. Doch reine SEO Titel haben fast keinen Einfluss auf den SUMA Rank. Um nicht in den Topf der Spammer sowie der negativen Blogger zu fallen, versuche ich hier mal den großen Hype des SEO anzukratzen. Um den Artikel ein wenig einfacher zu gestalten schreibe ich weiter SEO für die Suchmaschinen Optimierung und SUMA für die Suchmaschine. Damit auch gar kein Zusammenhang aufkommt hat das SUMA Ranking mit dem grünen Balken, dem Pagerank™ nichts zu tun. Titel aufzubauen ist wie gesagt ein Thema dem mehr Zeit gegönnt werden sollte. Abhängig von dem Inhalt und der Kombination von Keywords ist es wichtig nicht zu übertreiben, denn der Weg zwischen einem guten Artikel welcher gefunden wird und dem Absturz ist Mega klein.

Spamming Titel
Ein Titel ist es nicht wirklich, sondern eigentlich nur eine Anreihung von Keywords. Diese Art des Spamming ist mir schon lange nicht mehr unter die Augen gekommen, das SUMA's sich darauf kaum noch einlassen. Da ich solche Beiträge auch nicht unterstützen will, möchte ich euch bitten keine URLs zu posten. Wenn ihr sie seht wird

---

[106]http://www.online-cash.org/kommentare-was-man-beachten-sollte/
[107]http://www.online-cash.org/frohes-neues-jahr-vorsatze-fur-das- ↵
      blogger-jahr-2010/
[108]http://www.online-cash.org/total-social-blogger-meets-blogger/
[109]http://www.online-cash.org/wochenende-eier-in-der-hose-lyrik-fur- ↵
      legosteine-das-haekelschwein-und-viele-flugzeuge/
[110]http://blogger-world.de/blogging-titel-for-top-or-flop/

es euch auffallen, denn ihr könnt aus dem Titel so gut wie keine Informationen lesen und es sieht aus wie ein TAG Knäuel. Schaut euch die Short Description bei den Suchergebnissen an. In dem Moment wo euer Suchbegriff mehr wie 5-mal vorkommt ist es kurz vor dem Kippen zum Spam. Solche Art und Weise des Bloggen ist einfach nur grenzwertig und für mich persönlich abschreckend. Wir Blogger leiden alle darunter, denn für die guten Blogger wird es dadurch immer schwerer.

Weg von den Spamming-Artikeln

Der Weg an die Spitze der SUMA's ist umso schwieriger für uns. Doch einen sauberen Weg gibt es immer und je mehr sauber Arbeiten, desto leichter ist es für die Spider es von den anderen zu Unterscheiden. Content ist immer noch das einzige, worauf man aufbauen sollte und kann. Ein mit Semantik geschriebener Artikel ist, meiner Meinung nach, das einzig wahre um nach oben zu kommen. Durch den gezielten Einsatz der Keywords incl. des Titels haben wir die Möglichkeit, den Artikel nicht nur Leser freundlich zu gestalten. SUMA's sind einfach nur Maschinen, die den Worten folgen. Doch sie sind intelligenter geworden, Aufbau des Satzes, folge von mehrfach gewählten Worten und eine gegliederte Aufbereitung kann der Schlüssel zum Erfolg oder Absturz sein.

5 Worte zum Erfolg

Sehen wir uns einige Artikel an, die ein hohes Ranking besitzen. Es wird uns einiges klar wenn wir dazu natürlich auch noch den Domainnamen sehen. Doch zum Domainnamen kommen wir einiges später. Sehen wir einen sinnvollen Einklang von Informationen mit den gesuchten Keywords, so spricht es uns an und wir sind bereit dort nach dem gesuchten zu forschen. Gehen wir ein wenig tiefer in die Analyse so sehen wir eine Verteilung von 5 bis maximal 8 Keywords auf einen Text von bis zu 300 Zeichen. Die Effektivität liegt an der Position dieser Worte. Zuerst genannte Worte sind wesentlich einprägsamer, wie genannte am Ende des Artikels. Als Beispiel sieht man es oder besser gesagt hört man es immer wieder am Telefon. Die Firma XXX mein Name ist Herr/Frau XXX was kann ich für Sie tun? Ein immer wieder genutztes Script bei telefonischen Verkäufen. Vorteil ist das einem der Firma/Agenten einem immer zuerst genannt wird und er einem komischerweise im Kopf bleibt. Die Fragestellung dazu gibt einem das Gefühl abgeholt zu werden. Nicht vom Zug, sondern unter dem Motto „Da hilft mir jemand"

Holt die Leser ab, zeigt ihnen das es auch ohne Spamming geht und ihr genau das habt was sie suchen. Diese Leser werden es euch mit weiteren Besuchen lohnen. Das ist unser aller bestreben, anerkannt werden als Informationsportal und das nicht nur für einmal. Der Bereich SEO ist wie ihr selbst wisst nicht gerade klein und auch nicht mein besonderes Highlight. Die Wahl meiner Keywords ist abhängig von meinem Schreibfluss und nimmt so automatisch einen gewissen Teil meiner Artikel ein. Wenn ihr mal darauf geachtet habt werdet ihr SEO 7-mal finden und das Keyword auch 7-mal. Spamming 5-mal und Titel sogar 10-mal. Jetzt bin ich mal gespannt ob ich es geschafft habe es so zu integrieren, dass ich nicht in die Spam Riege aufgestiegen bin.

Ich hoffe, dass ich euch die Gratwanderung zwischen schlechtem und gutem Bloggen in verständlichen Worten darstellen konnte. Einen Tipp auf die nächsten Artikel lasse ich euch schon mal wissen. Es geht weiter mit den verschiedenen Artikel Typen und Arten, sie werden in 2 Gruppen gegliedert, da es über 15 Stück sein werden.

10 Schritte zur Traffic Blog Serie Part I

Eine Blog Serie die Traffic bringt zu schreiben ist gar nicht so einfach und bedarf einiger Vorbereitungen. Auf meine Serie „Blogging for Top or Flop[111]" aufgebaut möchte ich hier die 10 Schritte zu einer erfolgreichen Serie darstellen. Aufgebaut sind solche Serien meist durch die Idee eines Einzelartikels, welcher dann immer länger wird und dann so für den Leser uninteressant wird. Vorteile hat es auf jeden Fall ein Thema oder Topic länger zu beschreiben. Genau hier fängt es an bei dem Thema. Ohne dieses ist es unnötig eine Serie anzufangen.

1. Wähle ein Thema
Die Suche ist fast wie bei einem normalen Artikel, denn beides soll

---

[111]http://blogger-world.de/blogging-for-top-or-flop/

interessant sein und Besucher also Traffic bringen. Doch nicht jedes Thema reicht aus um eine Serie zu starten. Hat es also genug potenzial um darüber mehrere Artikel zu schreiben? Baut das Thema auf einander auf und für mich besonders wichtig ist „Ist das Thema interessant genug".

Es gibt Blogger die einmal angefangen haben und deren Blog dann nur noch aus solchen Serien besteht. Diese haben den Vorteil, dass Besucher auch zu den Anfängen blättern und so eine lange Verweildauer auf dem Blog haben. Die Bounced Rate wird also positive ausfallen. In den SUMA's werden solche Serien auch sehr oft gut gelistet und sogar teilweise mit der Listung von ein paar der Serien belohnt.

2. Eine Liste schreiben

Aus meiner Erfahrung her kann ich sagen Listen erleichtern das Leben immer wieder. Es ist alleine das Gefühl wieder etwas abhaken oder durchstreichen zu können. Dieses ist ein Symbol für den Erfolg. Man sieht sich dem ziel immer näher und der Weg dahin kommt einem immer kürzer vor. Zusätzlich ist es auch eine gute stütze nicht den Weg zu verlieren. Aus einem Artikel oder Stück der Serie wird schnell ein Ballon, der einen soweit abtreiben lässt, das man dem erwarten der Leser nicht mehr gerecht wird.

3. Ziele setzen

Selbst wenn man nicht jeden Tag die Serie weiter schreibt, ist es notwendig Ziele zu definieren. Für jeden Artikel und nicht nur die Serie hilft es dem Schreiber und dem Leser das Vermittelte zu verarbeiten. Jeder Schritt ist dabei ein eigenes Ziel. Habt ihr es verstanden und konntet ihr es umsetzen? Lasst jemand anderen euren Artikel lesen und fragt ihn „Was liest du daraus?" Nicht jeder hat die Möglichkeit zu fragen oder einen nicht Blogger zur Hand, also versetzt euch in die Lage des Lesers. Bleiben nach dem Artikel noch Fragen offen?

Bis hierhin habt ihr es nun gelesen und mein Ziel für die ersten Punkte war es euch zu vermitteln. Das es sinnvoller ist eine Serie vorzubereiten. **Meiner Meinung nach konnte ich es auch oder?** Die nächste Folge soll euch den Umgang mit einem Entwurf, dem Promoten und dem Titel erklären und ich hoffe auf euer Interesse.

10 Schritte zur Traffic Blog Serie Part II

Jetzt schalten wir mal einen Gang hoch und zeigen die nächsten 4 Schritte auf um eine Traffic Blog Serie zu schreiben. Selbstverständlich ergibt alles zusammen nachher einen verständlichen Aufbau. Doch welcher Blogger weiß das nicht, dass ein Anfang auch ein Ende haben muss. Wie schon gestern angekündigt werden die Themen der Entwurf, das Promoten und der Titel sein. Hinzugenommen habe die Einleitung, da diese dem Suchenden sofort in den SUMA's ins Auge fällt.

4. Entwurf erstellen

Ich sage mal ganz salopp, viele gute Ideen sind schon auf einem Bierdeckel entstanden und haben so ihre Kreise gezogen. Von der einfachen Idee und einem Gekritzel bis hin zum Endprodukt, der in unserem Fall eine Artikel Serie ist. Bevor ich diesen Artikel geschrieben habe, ist es mir immer wieder passiert, dass ich mir auf einem Block ganz normal ein paar Notizen gemacht habe. Umgestellt und noch mal neu. Ein ewiges schieben der Themen usw. Doch jetzt wo alles Fertig ist fällt es mir umso leichter die passenden Worte zu finden und ihn einfach runter zu schreiben. Natürlich könnt ihr den Entwurf auch in eurem Blog mache, dafür haben wir ja die Möglichkeit. Doch immer das Laptop mittragen? Ein kleiner Notizblock in der Tasche tut es auch oder?

5. Promoten deiner Serie

Das Thema ist eigentlich eine alleinige Serie Wert und ich habe sie mir schon notiert?.

Zeitgerecht ist es gerade eine tolle Zeit seinen Artikel zu bewerben und diesen bekannt zu machen. Eine Aktion nach der Anderen schießen durchs Netz und helfen natürlich sehr dabei.

Angefangen bei der Aktion von Alex mit „Promote deine Blogposts mit Scoop[112]" über Dapema's „Oneviews Blogger Gruppe[113]" und dann natürlich Matthias mit seinen „Wikio Freunden[114]" und die

---

[112]http://internetblogger.de/2009/10/promote-deine-blogposts-mit- ↩
scoop
[113]http://www.oneview.de/user/dapema/profil
[114]http://www.zentodone.eu/technorati-ist-tot-lange-lebe-wikio

"Webnews Blogger Gruppe[115]" darf ich nicht vergessen. Ganz neu und auch schon in meinem Blog eingebunden, habe ich den Google™ Friend Connector . Hier bin ich durch den Artikel „Ab jetzt mit Google Friend connect Member Gadget[116]" von Piet drauf gekommen und habe mir gedacht schlecht ist es nicht also was soll's. Dabei vergisst man ab und an wo man schon war doch auch hier sollte ein Zettel helfen ?

6. Serien-Titel

Für mich auch immer wieder eine Herausforderung, doch zu schaffen. In meiner Serie „Blogging SEO Titel for Top or Flop[117]" habe ich fast alle wichtigen Dinge zusammengefasst und niedergeschrieben. Hier gilt auch immer wieder das Gesamtkonzept ergibt den gewünschten Erfolg. Dieses Einstellen auf alle Dinge die berücksichtig werden müssen treffen wir immer wieder und je früher wir damit Anfangen sie zu beachten, desto besser ist es. Über die Keyword Recherche werde ich eine Serie verfassen, die es in sich haben wird. Da könnt ihr euch sicher sein und es wird Diskussionen geben. Da bin ich mir sicher!

7. Serien-Einleitung

Einleitung was ist denn das? Das ist das Cover eines Buches. Sieht es nicht interessant genug aus werdet ihr es nicht mal in die Hand nehmen und anlesen. Ist es aber ein Eyecatcher so werdet ihr wenigstens das Inlett mal anlesen. Die Qual der Wahl aus den Suchmaschinen genau den Leser zu erreichen. Der Titel ist wichtig (hatten wir schon) und die kleine Beschreibung darunter. Genau darauf solltet ihr achten. Eine kleine Zusammenfassung worum es geht, kurz und knapp gehalten auf den Punkt gebracht. Dieser Faktor wird oft unterschätzt und das ist meiner Meinung nach einer der Wichtigsten.

Einen großen Teil der 10 Schritte habt ihr nun. Vieles wird euch bekannt sein, einiges auch wieder nicht. Sicherlich wird die **Keyword Recherche** Serie euch einiges neues bringen und damit ihr sie nicht

---

[115]http://www.webnews.de/tag/Blogger
[116]http://www.online-cash.org/ab-jetzt-mit-google-friend-connect- ↵
    member-gadget
[117]http://blogger-world.de/blogging-seo-titel-for-top-or-flop

verpasst schnappt euch einfach mein Feed[118]. Wenn ihr jetzt diese Punkte verfolgt habt, werdet ihr auch den Aufbau und diese Schritte wieder finden. Sollte es so sein habe ich mein Ziel erreicht. Der nächste Artikel wird sich mit den letzten 3 Schritten zur Traffic Blog Serie befassen **die Schreibfrequenz, die Verlinkung und der Abschluss** wird dort in Angriff genommen.

10 Schritte zur Traffic Blog Serie Part III

Schlussspurt zur Traffic Blog Serie und den 10 Schritten dazu. Die letzten 3 Empfehlungen befassen sich mit dem Publizieren, der Verlinkung und dem Ende. Mit den 2 vorherigen Artikeln zusammen ergeben sich hier alle Möglichkeiten eine Serie für den Blogger sowie den Leser interessant zu gestalten. Nutzt diese 10 Schritte um euch in den Bereich des maximalen Bloggens zu bewegen und dadurch einen festen Stand in der Blogger Szene zu bekommen.

8. Schreibfrequenz
Diesmal ist es mir leichter gefallen jeden Tag einen Post zu dieser Serie zu schreiben. Das liegt auch daran, dass ich nicht von jetzt auf gleich angefangen habe. Die Vorbereitung, sprich Zettel und das Mindmapping (schlaues Wort), liegen schon ein paar Tage fertig. Wie schon geschrieben fällt es dann einfacher wieder einen Strich durch eine Aufgabe zu machen. Gute Blogger schreiben eine Serie in einem Tages Rhythmus welches zum Vorteil hat, das die Leser es zeitnahe umsetzen können und bei Fragen sich immer mitten im Thema befinden. Andere bevorzugen alles in einem zu schreiben, doch es sind bei großen Themen unendlich lange Artikel an einem Stück. Der für mich ausschlaggebende Vorteil ist aber die Interaktion mit den Kommentatoren. Denn trotz Zettel und Linie an die man sich halten sollte, muss man flexibel genug sein um auf seine Leser einzugehen. Dies hat man, wenn nicht alles einfach durchgeschrieben und gescheduled wird.

9. Verlinkung des Artikel
Hier ist mal hauptsächlich von der internen Verlinkung die Rede.

---

[118]http://feedproxy.google.com/BloggerWorld

Jeder Artikel wird von euch ja geschrieben weil er eine Aussage in sich trägt. Ein helfender Link zu einem anderen Artikel um die ganze Sache visuell zu unterstützen, ist für jeden nützlich. Es kommt auch sehr oft vor, dass die Position in den SERP's sich nicht an die Serien Reihenfolge hält. Hier ist es umso wichtiger z.B. vom letzten auf den ersten Artikel der Serie oder einer anderen zu verlinken. Wer will denn auf dem Blog noch lange suchen? Inzwischen gibt es ja Plugins, die uns diese Arbeit erleichtern und am Ende auf noch mehr lesenswertes verweisen. Doch ein Link im Text wirkt deutlich mehr.

10. Beende eine Serie

Ein wichtiges Highlight einer Serie ist ein würdiges Ende. Der Leser weiß, das es vorbei ist und wartet nicht bis irgendwann mal, sondern kann anfangen es umzusetzen. Man braucht es nicht theatralisch aufbauen, doch sollte ein Schlusssatz auch einer sein. Fasse noch mal kurz die wichtigen Dinge zusammen und gebe den Lesern auf jeden Fall die Chance sich darüber zu äußern und seine Erfahrung mit einzubringen.

In diesem Sinne möchte ich die Serie beenden und mich bedanken für euer Interesse. Als Fazit nehme ich persönlich für mich heraus, das genau diese Art und Reihenfolge mir geholfen hat diese Serie zu schreiben. Einzig und allein werde ich noch an der Verfeinerung arbeiten und mit der gewonnenen Zeit jetzt öfter mal wieder über die Blogs lesen um zu kommentie

Reich werden im Internet – die Sprüche der Möchtegern-Paid4-Experten

Ich habe heute, dank Erkältung, die meiste Zeit am PC und somit im Internet verbracht. Ich war neugierig darauf was andere Paid4-Blogs veröffentlichen und was diverse Leute auf ihren Homepages, die sich mit dem Thema "Geld verdienen im Internet" befassen, vorstellen.

Ich bin schockiert und gleichzeitig stocksauer!

Warum fragt ihr euch? Höchstens 1 von 20 Seiten bietet halbwegs ordentliche und gut recherchierte Informationen zu den beworbenen Paid4 Anbietern.

Ich bin über Seiten gestolpert die reine Bannerfarmen sind, ohne jedlichen Content oder erklärende Worte. Dann gibt es Seiten die ebenfalls Banner bieten soweit das Auge reicht, jedoch in Kategoren geordnet. Zusätzlich gibt es dann noch ein paar Stichpunktartige Infos zum jeweiligen Anbieter, meist Sachen die per Strg+C von der entsprechenden Startseite des Anbieters entführt wurden.

Dann noch das allerschlimmste, Seiten und Blogs in denen sich für die Seriösität der jeweiligen Anbieter verbürgt wird. Folgt man dem Reflink stößt man auf eine Error-Seite des Webhosters, nach einer 30sekündigen Recherche (z.B. über google) weiß man dann das es den dort beworbenen Anbieter nur ein paar Wochen gegeben hat, ein Haufen User geprellt wurde und sich ein weiterer Abzockekönig die Taschen mit dem Geld der User gefüllt hat.

Über allem pranken dann meist in extra groß und extra fett Sprüche wie

- **Reich werden im Internet**

- **Werde auch du Internetmillionär**

- **Die besten Geldmaschinen im Internet**

- **Tausende Euros im Internet verdienen**

Ich frage mich, gehts noch? **Von Realismus keine Spur, von Aktualität keine Spur, von Sorgfalt keine Spur, von Ehrlichkeit keine Spur!**

Die Seiten sind nur darauf ausgelegt möglichst schnell Referrals zu werben, jedes Mittel ist dazu recht. Die Homepagebesucher skrupellos zu belügen oder sie durch veraltete Informationen auflaufen zu lassen stört scheinbar niemanden mehr! Es wird nicht recherchiert, es wird nicht geprüft, es wird nicht aktualisiert. Hauptsache der Reflink ist irgendwo zu finden.

Wer wundert sich da noch das der Begriff Paid4 und das Thema "Geld im Internet verdienen" immer mehr zum Schimpfwort wird und man dafür immer weniger Menschen interessieren kann?

Ich finde auf fast jeder Seite Links zu Anbietern von denen schon lange bekannt ist das sie nicht zahlen. Auf einigen Blogs die sich mit dem Thema Bux- und PTC Seiten befassen werden die User sogar noch aufgefordert nach der Refanmeldung Geld in Premium-Accounts und Refpakete zu investieren. Vor möglichen Risiken wird nicht gewarnt, das 95% der PTC Seiten nach dem Ponzi-Schema aufgebaut sind und jederzeit von heute auf morgen verschwinden können wird nicht erwähnt.

Mir stellen sich da folgende Fragen!

- Wieso macht sich fast niemand die Mühe gründlich zu recherchieren und Informationen ansprechend zu verpacken?

- Wieso kommen einige Möchtegern-Paid4-Experten mit diesen scheinheiligen und verlogenen Werbesprüchen durch?

- Wieso wird das Thema Paid4 kaum realistisch dargestellt und immer wieder mit "massivem Einkommen" geworben?

- Wieso macht sich kaum jemand die Mühe einmal online gestellte Informationen zu Paid4 Anbietern aktuell zu halten?

- Wieso wird immer nur das gelbe vom Ei versprochen aber fast nie vor den Schattenseiten und schwarzen Schafen gewarnt?

- Wieso werden unseriöse Anbieter in Blacklisten geführt, unseriöse Refwerber dürfen aber ungestraft die Paid4Teilnehmer von morgen verarschen?

Ich finde es ist absolut nicht verwunderlich, dass in vielen Blogs mittlerweile über die äußerst schlechten Erfahrungen mit Paid4 berichtet wird! Wer sich dem Thema unbedarft nähert hat eine große Chance sich über die Seite eines unseriösen Refwerbers seinen ersten Paid4 Anbieter auszuwählen. Was bleibt ist dann meist nur die Erkenntnis das Paid4 ein reines Abzocke-Geschäft ist. Denn die Chance das der erste Anbieter ein schwarzes Schaf ist, ist nicht gerade gering!

Mein Aufruf an alle die eine Seite zum Thema Geld verdienen im Internet betreiben und/oder Paid4 Anbieter bewerben! Hier ein paar Punkte die ihr berücksichtigen solltet.

- Macht die Augen auf und befasst euch mit den Informationen die ihr online stellt! Es sind doch eure Anbieter die ihr da bewerbt. Wenn ihr merkt das bei eurem Anbieter etwas faul ist nehmt die Werbung für selbigen raus oder informiert die Besucher eurer Homepage zumindest über komische Vorkommnisse!

- Nehmt euch 1x die Woche 20min Zeit und überprüft eure Homepage, werft Deadlinks raus und pflegt die Informationen zu den Anbietern. Dazu gehört es auch mögliche Auszahlungsbelege nachzureichen.

- Bemüht euch bei Neuaufnahmen um Sorfalt! Beschreibt den Anbieter mit eigenen Worten und möglichst detailliert. Nicht nur Banner und/oder Stichpunkte online stellen.

- Traut euch auch mal negativ über einen Anbieter zu berichten, es ist nicht alles Gold was glänzt! Eure Leser werden euch realistische Informationen danken, die möchten nicht belogen werden! Ihr könnt ruhig auf Diskussionsforen und Co. verweisen.

- Thema Lügen: Mit Paidmailern & Co. wird NIEMAND wirklich reich! Vernichtet diese grausamen Werbesprüche und beschreibt das Thema zutreffend. Der Paid4 Anfänger kann sich ein Taschengeld verdienen wenn er sich bemüht, Profis möglicherweise 3stelligen Nebenverdienst. Das große Geld ist nicht im Paid4Bereich zu finden für den Surfer. Paid4 sollte als Hobby angesehen werden.

Wenn nur ein paar Leute gewissenhafter mit ihrer Refwerbung umgehen, sich mehr Mühe geben und versuchen werden ihre Lieblingsanbieter besser zu beschreiben, also ohne utopische und unrealistische Versprechen vom großen Geld, habe ich mein Ziel erreicht. Das wird den angeschlagenen Ruf der Paid4 Szene nicht wieder herstellen, das soll es auch garnicht. Die Szene hat zurecht diesen Ruf, der Dank geht an dutzende Abzocke-Webmaster, Massenscripts und Idioten die sich über den Umfang eines Paid4-Projektes garnicht bewusst waren als sie es gestartet haben. Aber durch Sorgfalt können wir unser Hobby, das teilweise sehr lustige Paid4 Geschäft, weiterhin am Leben halten und ggf. auch den ein oder anderen Anfänger und Neueinsteiger durch die realistische Darstellung der Szene mit ins Boot holen.

Wer sich nun angesprochen fühlt darf dies gerne tun, genau das war meine Absicht. Ein paar Leute wachzurütteln und meinem eigenen Frust Luft machen. Ich werde nach diesem Tag heute selbst noch mehr Acht darauf geben meine Reviews realistisch darzustellen. Denn auch ich merke das die Hemmschwelle ein paar Infos zurückzuhalten oder stark auszuschmücken sehr gering ist wenn einen das Fieber der Refjagd gepackt hat.

In diesem Sinne, ich wünsche euch allen viel Spaß dabei eure Bannerwüste in ein Informationszentrum zu verwandeln. Infos wie man einen kostenlosen Blog[119] erstellen kann findet ihr auch hier auf Online-Cash.org

Verwandte Artikel:

1. Internetbonze: Reich durch das Internet[120]

2. Seriöse Paid4 Anbieter erkennen[121]

3. Strategie für den Erfolg mit Paid4 Anbietern[122]

4. Reich durch eBook-Strategien aber kein Geld für den Internetauftritt?[123]

5. Referrals werben und eine Downline aufbauen[124]

---

[119]http://www.online-cash.org/kostenloser-blog-mit-nebenverdienst- ↵
   bei-overblogde/
[120]http://www.online-cash.org/internetbonze-reich-durch-das-internet ↵
   -broschiert/
[121]http://www.online-cash.org/seriose-paid4-anbieter-erkennen/
[122]http://www.online-cash.org/strategie-fur-den-erfolg-mit-paid4- ↵
   anbietern/
[123]http://www.online-cash.org/reich-durch-ebook-strategien-aber-kein ↵
   -geld-fur-den-internetauftritt/
[124]http://www.online-cash.org/referrals-werben-und-eine-downline- ↵
   aufbauen/

Just-Cash.de – ein Paidmailer der alten Garde

Heute möchte ich euch wieder mal einen Paidmail-Anbieter vorstellen. Es handelt sich um Just-Cash.de[126], einen Anbieter der ersten Stunde der schon seit Jahren auf dem Markt ist.

Wie andere Paidmailer auch verschickt Just-Cash.de[127] regelmäßig bezahlte Werbemails, sogenannte Paidmails. Wenn ihr die darin beworbene Seite 30 Sekunden lang anschaut bekommt ihr dafür einen Geldbetrag gutgeschrieben. Die Vergütung beträgt mindestens 1 Cent, teilweise auch mehr. Mails werden fast täglich verschickt, ihr könnt diese jedoch auch online in einer Email-History auf der Seite selbst bestätigen.

Desweiteren gibt es auch noch einen Paidbanner Bereich und bezahlte Bonusaktionen durch die ihr euren Verdienst erhöhen könnt. Just-Cash.de bietet euch 2 Refebenen mit 20% und 5% Umsatzbeteiligung am Refverdienst.

Die Auszahlung kann angefordert werden sobald das Accountguthaben 5 erreicht oder überschreitet. Ausgezahlt wird am Monatsende auf ein deutsches Bankkonto, Mitglieder aus Österreich erhalten die Auszahlung ab 5 Euro kostenfrei per PayPal.

Warum jetzt gerade Just-Cash.de?

Nun, wie ich schon erwähnt habe ist Just-Cash.de ein Paidmailer der alten Garde. **Die Seite ist seit 2003 online und der Betreiber zahlt seitdem regelmäßig aus.** Der Support ist schnell und die Seite wird regelmäßig gepflegt. Das merkt man daran das aktuell

---

[125]http://www.online-cash.org/mochtergern-millionare-mauerbau-und- ↩
  kalte-nasen/
[126]http://www.just-cash.de/?refid=46831
[127]http://www.just-cash.de/?refid=46831

nur rund 10.000 aktive Mitglieder in den Mediadaten geführt werden, obwohl es schon weit mehr als 40.000 Anmeldungen gab. Inaktive Mitglieder werden nämlich immer wieder aussortiert. Gute Maßnahme des Betreibers. Ich selbst war früher lange Zeit als zufriedener Taschengeldverdiener bei Just-Cash.de dabei, habe die Seite dann aber leider vernachlässigt und wurde gelöscht. Umso mehr freue ich mich das Just-Cash.de immer noch am Markt ist und zuverlässig auszahlt jetzt wo ich mich langsam wieder an die deutschen Paidmailer herantaste.

Neuer kostenloser Bloghoster für Bloganfänger ohne Vorkenntnisse

Heute möchte ich euch nochmal einen kostenlosen Bloghoster vorstellen der seit einiger Zeit am Start ist. Das Projekt **Bloghostr.de**[128] wurde von Thomas von Blogger-World.de auf die Beine gestellt und wartet nun auf die ersten Nutzer die den Schritt wagen wollen einen eigenen kleinen Blog zu schreiben.

Für wen eignet sich ein kostenloser Blog bei Bloghostr? Nun ich würde sagen zum einen eignet sich **Bloghostr.de**[129] für jeden der einen eigenen Blog führen möchte, sich jedoch noch gar nicht mit der Materie des bloggens auskennt. Bloghostr setzt auf WordPress als Blogsoftware. Somit kann man dort den Umgang mit diesem CMS kostenlos kennenlernen und muss sich keine Gedanken um die Anschaffung von Webspace oder einer Domain machen.

Zum anderen wird auch jeder fündig der auf der Suche nach einem kleinen Nebenblog ist auf den Information gesetzt werden sollen die nicht auf den Hauptblog passen.

---

[128]http://www.bloghostr.de/
[129]http://www.bloghostr.de/

Was bekommt man bei Bloghostr geboten? Nach der kostenlosen Anmeldung kann man sich einen Blog mit Wunschname als Subdomain registrieren. Die Adresse des Blogs hat dann folgende Form:**http://wunschname.bloghostr.de**

Man kann, wenn man möchte, schon kurz nach der Anmeldung den ersten Blogartikel online haben. Bloghostr stellst seinen Nutzern viele schicke Themes zur Verfügung damit jeder seinen Blog halbwegs individuell gestalten kann. Neben dem kostenlosen Bloghosting stellt **Bloghostr.de**[130] auch Community-Features zu Verfügung. Die User können Gruppen gründen, sich Gruppen anschließen und in einem Forum diskutieren. Was will man mehr?

Die Features von Bloghostr im Überblick

- Kostenlose Anmeldung und Nutzung

- Es wird lediglich eine Emailadresse benötigt

- Ein eigener Blog ist in weniger als 5 Minuten verfügbar

- Es sind keine besonderen Kenntnisse erforderlich

- Das Traffic Volumen ist nicht eingeschränkt

- 10MB kostenloser Speicherplatz für Bilder (erweiterbar)

- Wichtige und nützliche Plugins sind vorinstalliert

- Auswahl aus 100 schicken Themes verfügbar

- Import- und Exportfunktion für Artikel

Man trifft also alles an was man für den Einstieg in die Bloggerszene benötigt, inklusive vieler Vorzüge die sonst nur ein komplett eigenständiges WordPress Hosting bietet. Besonders klasse ist die sehr gute Import- und Exportfunktion für Artikel. Wer zu einem späteren Zeitpunkt auf ein selbstgehostetes WordPress Blog umziehen möchte hat also jederzeit die Möglichkeit seine Artikel von Bloghostr einfach mitzunehmen und im neuen Blog zu importieren.

---

[130]http://www.bloghostr.de/

Bloghostr finanziert sich durch dezente Einblendungen von Google Adsense Anzeigen. Diese soll man jedoch schon bald gegen einen geringen Aufpreis entfernen können. Aufdringliche Layer oder ähnliches wird es bei Bloghostr nicht geben.

Ich denke Bloganfänger die die Blogosphäre kennen lernen wollen finden mit Bloghostr eine ansprechende Alternative zu bekannten kostenlosen Bloghostern wie Blogger.com oder Over-blog.com

In diesem Sinne, viel Spaß beim bloggen und willkommen in der Blogosphäre. Wer einen Blog bei **Bloghostr.de**[131] angelegt hat darf sich hier als Kommentator jederzeit seinen ersten vollwertigen Backlink holen.

Verwandte Artikel:

1. Werde Blogger – Jetzt kostenlos bei Coverblog.de[132]

2. Kostenloser Blog mit Nebenverdienst bei Overblog.de[133]

3. Flash-Counter.com – Kostenloser Counter mit Statistik und Webseitenanalyse[134]

4. Jeden Tag ein kostenloser Software Titel[135]

5. Tolles 100 MB Webmail Postfach für lau bei I-Mail24.de[136]

6. Kostenloses Miniblog Script als WordPress Alternative[137]

---

[131] http://www.bloghostr.de/

[132] http://www.online-cash.org/werde-blogger-jetzt-kostenlos-bei- ←↵
coverblogde/

[133] http://www.online-cash.org/kostenloser-blog-mit-nebenverdienst- ←↵
bei-overblogde/

[134] http://www.online-cash.org/flash-countercom-kostenloser-counter- ←↵
mit-statistik-und-webseitenanalyse/

[135] http://www.online-cash.org/jeden-tag-ein-kostenloser-software- ←↵
titel/

[136] http://www.online-cash.org/tolles-100-mb-webmail-postfach-fur-lau ←↵
-bei-i-mail24de/

[137] http://www.online-cash.org/kostenloses-miniblog-script-als- ←↵
wordpress-alternative/

MyLinkState.com – Geld verdienen und Links tauschen

Für Webmaster die eine oder mehrere Webseiten betreiben ist mit MyLinkState.com[138] ein interessanter Anbieter auf dem Markt erschienen. Zum einen kann der Webmaster über MyLinkState Geld verdienen, zum anderen Links tauschen.

Das ganze ist eigentlich recht einfach, man fügt einen Code in seine Homepage ein und man wählt wie viele Links über MyLinkState.com vermittelt werden sollen. Nach erfolgreichem Codeeinbau und Freischaltung durch MyLinkState werden verschiedenste Links auf der eigenen Homepage angezeigt. Je nach PageRank und Besucherzahl der Homepage mit der internen Währung, sogenannten MLS Punkten belohnt. Diese MLS-Punkte kann man später dann in Bargeld umwandeln und eine Auszahlung per PayPal vornehmen oder man sammelt diese Punkte, um selbst Linkplätze bei anderen MyLinkState.com Teilnehmern zu erwerben. Die selbst eingestellten Links werden dann auf bis zu 90.000 verschiedenen Webseiten angezeigt.

Für Wordpress Benutzer findet sich mittlerweile sogar ein eigenes Plugin, das den Umgang mit diesem Angebot extrem simpel macht. Ich habe das Plugin übrigens auch installiert und warte nun auf die Freischaltung meiner Seite. Wer wissen möchte was er monatlich mit MyLinkState.com verdienen könnte, der findet auf der Seite einen kleinen Verdienst Kalkulator, nach Eingabe von URL und der PageRank Daten aller Unterseiten kann man eine grobe Übersicht bekommen was möglich ist.

Fazit: Der erste Eindruck von MyLinkState.com ist sehr gut, außerdem habe ich bereits mehrfach positive Berichte in anderen Blogs gelesen. Aus diesem Grund empfehle ich euch hier diesen Anbieter obwohl ich selbst gerade erst dort gelandet bin. Mit nur einer Anmeldung erhält man Zugriff auf den Webmaster-, Advertiser Bereich und auf das Partnerprogramm.

---

[138]http://www.mylinkstate.com/?ref=3399

71

Ich würde mich sehr freuen euch als meine Referrals bei bei MyLinkState.com begrüßen zu dürfen. Einen Blick zu riskieren kann nicht schaden. Ich werde euch natürlich über Neuigkeiten und meinen Verdienst auf dem laufenden halten so es geht.

Für weitere Infos und für die Anmeldung gehts hier lang (mit Referrallink): **MyLinkState.com**[139]

Verwandte Artikel:

1. Linkbee.com – Geld verdienen mit Links[140]

2. Bee5.de – Beim einkaufen Geld sparen und verdienen[141]

3. Geld verdienen mit Chitika Mini-Shops?[142]

4. Geld verdienen mit Twitter – erste Erfahrungen[143]

5. Brainfloor.com – Als Brainworker kreativ Geld verdienen[144]

6. Profitmails.de – Schnell und sicher Taschengeld verdienen[145]

Kostenloser Blog mit Nebenverdienst bei Overblog.de

Wer bislang mit dem Gedanken gespielt hat selbst einen eigenen Blog zu erstellen, der wird bei Overblog.de[146] fündig. Overblog.de[147] bietet euch jedoch nicht nur die Möglichkeit einen eigenen Blog zu erstellen, sondern ermöglicht es euch auch ohne größere Kentnisse Geld

---

[139]http://www.mylinkstate.com/?ref=3399
[140]http://www.online-cash.org/linkbee-geld-verdienen-mit-links/
[141]http://www.online-cash.org/bee5de-beim-einkaufen-geld-sparen-und- ↵
    verdienen/
[142]http://www.online-cash.org/geld-verdienen-mit-chitika-mini-shops/
[143]http://www.online-cash.org/geld-verdienen-mit-twitter-erste- ↵
    erfahrungen/
[144]http://www.online-cash.org/brainfloor-com-als-brainworker-kreativ ↵
    -geld-verdienen/
[145]http://www.online-cash.org/profitmailsde-schnell-und-sicher- ↵
    taschengeld-verdienen/
[146]http://de.over-blog.com/
[147]http://de.over-blog.com/

damit zu verdienen indem man die Vermarktung der Werbeflächen für euch übernimmt.

Was erwartet mich bei Overblog.de?

- Unbegrenzte Anzahl von Artikeln schreiben
- Unbegrenzte Anzahl von Kategorien erstellen
- Bis zu 20 Fotoalben anlegen
- 4 GB Speicherplatz
- Erstklassige Referenzierung
- Mehr als 30 Designs zur Auswahl
- Benutzerfreundliche und leistungsstarke Tools zum Erstellen von Blogs

Ihr seht, euch erwartet eine nette Anzahl an Features, und das alles **kostenlos!** Nach der Anmeldung könnt ihr entscheiden, ob ihr Werbung auf eurem Blog einblenden lassen wollt an deren Einnahmen ihr beteiligt werdet.

Overblog.de betreibt übrigens schon mehr 600.000 Blogs und hat weltweit mehr als 1 Million Besucher täglich! Overblog.de ist also eine gute Wahl für jeden der gerne einen eigenen Blog starten möchte, aber keinen eigenen Webspace hat oder sich noch nicht an Wordpress heran traut. Auf Wunsch kann man ja sogar etwas Geld verdienen.

Mein Fazit: Klasse für Newbies die ihre Gedanken und Berichte der Welt präsentieren wollen. Durch die Möglichkeit die Werbeflächen durch Overblog.de vermarkten zu lassen gelingt ein tolle Symbiose. Der User liefert den Content, der Bloghoster vermarktet diesen. **Weitere Infos findet ihr auf Overblog.de**[148]

Verwandte Artikel:

1. Neuer kostenloser Bloghoster für Bloganfänger ohne Vorkenntnisse[149]

---

[148]http://de.over-blog.com/

[149]http://www.online-cash.org/neuer-kostenloser-bloghoster-fur- ↵
bloganfanger-ohne-vorkenntnisse/

2. Ein paar Gedanken zu meinem Blog[150]

3. Werde Blogger – Jetzt kostenlos bei Coverblog.de[151]

4. Falsche Erwartungen an einen Blog?[152]

5. Den eigenen Blog in ein Magazin/eBook verwandeln[153]

6. AdShopping.com bietet Werbeplatzvermarktung[154]

Hallimash.com – Blog for Cash!

Lange Zeit war es ruhig auf Online-Cash.org, aber jetzt bin ich wieder da und werde versuchen den Schwung und Enthusiasmus mit dem ich diesen Blog begonnen habe wieder aufzunehmen.

Da sogenanntes **Blog-Marketing** immer populärer wird habe ich beschlossen Anbieter zu testen die sich vornehmlich an den Teil der Internetbevölkerung wenden, der mit einem eigenen Blog vertreten ist. Über diese Anbieter können Gewerbetreibende, vornehmlich Firmen/Unternehmen, nach Blogbetreibern suchen die dann auf ihren Blogs über die Firmen, die Produkte und Dienstleistungen oder auch die Firmenwebsites berichten. Der Blogbetreiber wird im Anschluss entsprechend für seinen Artikel belohnt.

Nachdem ich Online-Cash.org nun bei 3 Anbietern angemeldet habe bin ich sehr gespannt was mich erwartet und ob sich überhaupt Angebote finden lassen. Sollten sich Angebote finden bin ich ausserdem sehr gespannt inwiefern ich meine eigene Meinung äußern kann, vorgefertigte Artikel sind zwar eine Bereicherung für den Content, gehen aber leider nicht Hand in Hand mit meiner Vorstellung eines kritischen Blogs.

---

[150]http://www.online-cash.org/ein-paar-gedanken-zu-meinem-blog/
[151]http://www.online-cash.org/werde-blogger-jetzt-kostenlos-bei- ↩
coverblogde/
[152]http://www.online-cash.org/falsche-erwartungen-an-einen-blog/
[153]http://www.online-cash.org/den-eigenen-blog-in-ein-magazinebook- ↩
verwandeln/
[154]http://www.online-cash.org/adshopping-com-bietet- ↩
werbeplatzvermarktung/

Den Anfang mache ich mit der Vorstellung von Hallimash.com, diese Seite stach mir durch ihren seriösen Aufbau und dem hauseigenen Verhaltenskodex (*Seien Sie ehrlich mit sich selbst und Ihren Lesern, Blog Marketing muss transparent sein!*) als erste Wahl ins Auge.

Hallimash.com[155] legt klar fest das Rezensionen als solche gekennzeichnet werden müssen. Ein wichtiger Punkt wie ich finde. Kann ich meinem Leser so doch direkt sagen das ich für diesen Bericht bezahlt werde. Da ich die Auswahl habe welches Angebot der möglichen Advertiser ich annehme kann ich so vermutlich recht gut gewährleisten das ich auch wirklich nur über Sachen berichte die mich selbst ebenfalls interessieren.

Der Verdienst bei **Hallimash.com**[156] ist variabel und richtet sich nach Größe und Bekanntheit des eigenen Blogs, genannt werden Beträge zwischen EUR 10, - und EUR 300, -. Der Mindestverdienst um die Auszahlung anzufordern beläuft sich auf EUR 25, -. Ausgezahlt wird entweder per PayPal oder auf das Bankkonto (auch international). Für jeden geworbenen User der eine Rezension auf seinem freigeschalteten Blog schreibt winkt übrigens nochmals eine Prämie von EUR 5, - bis EUR 55, -.

Wie immer hoffe ich den ein oder anderen Leser für den genannten Anbieter begeistern zu können, diesen als aktiven Referral zu gewinnen und somit möglichst schnell die Auszahlungsgrenze zu erreichen um jedem Leser hier eine Auszahlungsbestätigung präsentieren zu können.

Autoregger – Fluch oder Segen?

Da in letzter Zeit immer mehr Autoreg-Anbieter für den Paid4Mail Sektor aus dem Boden schiessen, möchte ich euch hier einmal meine

---

[155]`http://www.hallimash.com/index.php?s=info_blogger&nav=3&werber` ↩
   `=810&wm=2`
[156]`http://www.hallimash.com/index.php?s=info_blogger&nav=3&werber` ↩
   `=810&wm=2`

Erfahrung mit selbigen mitteilen. Doch zuerst einmal zu den Grundlagen. Der Begriff Autoregger hat sich übrigens aus "automatisch registrieren" abgeleitet.

Was ist ein Autoregger?

Autoregger sind kleine Programme, die in eine Webseite integriert werden. Sie liefern eine Oberfläche über die man sich durch einmalige Datenangabe bei mehreren Paid4mail Diensten gleichzeitig anmelden kann. Der Autoregger sendet die persönlichen Daten dabei an jeden einzelnen Anbieter weiter der in seiner Datenbank hinterlegt ist. Der Autoreg-Teilnehmer muss dann nur noch sein Postfach öffnen und die Anmeldungen bestätigen, statt bei jedem Anbieter die Anmeldung manuell zu vollziehen. Ein Autoregger funktioniert aber nicht mit jedem Paid4Mail Anbieter, es kommt immer darauf an auf welchem Script der Paidmail-Webmaster seinen Dienst aufgebaut hat. Heutzutage sind die Autoregger jedoch soweit das sie fast jedes bekannte, kommerzielle Script unterstützen.

Hier nochmal ein kleines Schema zur Funktionsweise von Autoreggern

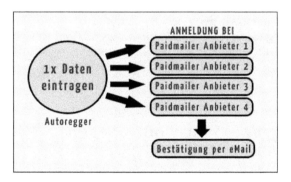

Was bringt ein Autoregger dem Nutzer?

Zeitersparnis! Wenn man sich bei mehreren Anbietern anmelden möchte ist der Autoregger ein nützliches Tool, muss man seine Daten doch nur 1x angeben und sich nicht bei dem Dienst einzeln anmelden.

Was bringt ein Autoregger dem Betreiber?

In erster Linie ist ein Autoregger dazu gedacht die eigenen Lieblinsanbieter zu bewerben und somit viele Referrals für die eigenen Downlines aufzutreiben. Das ist, wie hier auf Online-Cash.org bereits mehrfach erwähnt, sehr wichtig. Das primäre Ziel bei Paid4 Anbietern solllte ein passives Einkommen sein welches durch eine starke Downline erwirtschaftet wird. Die Erfahrung zeigt das es durchaus möglich ist mit einem Autoregger, sofern er perfekt beworben wird, seine Downlines aufzufüllen.

Meine persönliche Meinung zu Autoreggern!

Wie gesagt, Autoregger funktionieren wenn man sie ordentlich bewirbt. Aber das ist in meinen Augen auch so ziemlich das einzige was ich positives zu berichten habe. Ich habe in den letzten Jahren selbst mehrfach auf Autoregger von Internetbekanntschaften zurückgegriffen um meine eigenen Downlines zu verstärken. Was hier angesprochen werden muss ist zum einen die Qualität der gewonnen Referrals. Zu 99% habe ich Datenbankleichen erhalten. User die nach der Anmeldung maximal 1x aktiv waren. Die Chance wirklich aktive Refs zu erhalten ist in meinen Augen nur sehr gering. Für den virtuellen Schwanzvergleich ist es ganz nett wenn man mit Downlines angeben kann in denen sich einige hundert Refs tummeln, fragt man dann nach Aktivität und Verdienst durch die Referrals werden viele Autoreg-Betreiber plötzlich sehr verschwiegen.

Noch wesentlich schlimmer wird es, wenn ich mich in die User hineinversetze die ihre Daten einem Autoregger überlassen, ja quasi darauf hereinfallen was dort versprochen wird. Ein kleiner Check bei Google zeigt es wieder relativ schnell.. die tollen Expertensprüche mit denen Autoregger beworben werden. Reich werden durch Emails, Reich werden durch 30 Minuten Arbeit am Tag usw. Ich kann es nicht mehr lesen. Wer sich über einen Autoregger anmeldet und nicht direkt mindestens 20 Freunde werben kann, der wird nicht reich! Alleine reicht es selbst bei maximaler Aktivität nur zu einem kleinen Taschengeld, wenn überhaupt. Daran ändert auch die Tatsache nicht das man sich evtl. direkt bei 5 oder mehr Seiten anmeldet. Gerade dieser Punkt, die Möglichkeit sich direkt bei mehreren Anbietern gleichzeitig anmelden zu können finde ich fatal. Manch einer wird bestimmt davon überfordert werden was dann tagtäglich alles in seinem Posteingang landet und die Lust verlieren, Inaktivität ist die Folge.

Ein weiterer Punkt der mich stört sind die oft mangelhaften Beschreibungen der Anbieter. Mails pro Tag, Auszahlungsgrenze, Refebenen. Das sind meist die einzigen Infos die man vorfindet. Positiv erwähnt sein, das ich zumindest auf einigen Autoreggern Auszahlungsbelege entdeckt, ein Licht am Ende des Tunnels. Auch bei der aktualität der Anbieter müssen viele Autoreg-Betreiber etwas machen. Teilweise findet man einige Paidmail-Leichen. Wenn die Seite offline ist, dann ist es kein Problem, die Anmeldung läuft ins Leere. Wenn sich jedoch nur der Betreiber abgesetzt hat und das Projekt weiterhin online ist siehts düster aus. An wen hat man dann seine persönlichen Daten übermittelt, bzw. wer kann sie alles einsehen?

Fazit: In meinen Augen sind Autoregger eher Fluch als Segen. 90% der Autoregger tun der Paid4 Szene mit ihrer Existenz keinen Gefallen, sondern bewirken eher das Gegenteil. Ich würde jedem Paidmail Betreiber nahelegen Anmeldungen über Autoreg zu verbieten oder zu unterbinden (z. B durch ein Captcha). Einige tun dies ja bereits. Früher haben wir es doch auch ohne solche Programme geschafft Downlines aufzubauen!

Sollte ich dem ein oder anderen Autoreg Betreiber auf die Füsse getreten sein mit meinem Beitrag? Tja, that's life! Evtl. findet ihr hier eine Anregung euren Dienst etwas zu überarbeiten und statt 20 nur noch 1-5 ausgewählte Paidmailer zu präsentieren und diese gut zu erklären. Die meisten Worte werden ja leider noch für die monumentalen Verdienstmöglichkeiten verwendet statt für Anbieterbeschreibungen.

CaptchaAd.de – neue Werbeform für Webmaster

Mit CaptchaAd.de habe ich einen relativ neuen und interessanten Dienst entdeckt den ich euch hier kurz vorstellen möchte.

Zuerst einmal **ein paar Worte zum Captcha**, denn nicht jeder wird wissen was das ist. Captchas sind diese kleinen Bestätigungsfelder, bei denen Ihr meist ein schwer leserliches Wort oder eine Zahl abtippen müsst um euch als "lebendiger" Internetnutzer auszuweisen. Captchas finden sich heute fast überall, auf Blogs, in Social-Networks und an vielen anderen Stellen, meist wenn es darum geht ein Formular auszufüllen. Sie denen vornehmlich dem Spamschutz.

Mit stetiger Verbesserung der Spambots werden jedoch viele Captchas immer schwieriger zu lesen. Ich selbst habe da auch oft Probleme und manchmal schon bei 5 Buchstaben eine 20%-Fehlerquote.

An dieser Stelle setzt CaptchaAd.de an. Statt schwierig zu lesende Buchstaben spielt das CaptchaAd ein kurzes Mini-Video ab und stellt dazu eine Frage. In den Videos wird kurz ein Produkt inkl. Lauftext gezeigt. Um das Captcha auszufüllen muss dann nur eine Frage zum gerade gesehenen Produkt beantwortet werden. Fragen zum Preis, Name, oder Hersteller sind hier meist das zu prüfende Wort.

Die Vorteile liegen klar auf der Hand, für einen Bot ist es quasi unmöglich diese Überprüfung auszutricksen. Und zusätzlich schafft sich der Webmaster noch eine Einkommensquelle. Denn das im Captcha beworbene Produkt gehört zu einem der Partner (Advertiser) von CaptchaAd.de, klickt also der User das Ad an und kauft das Produkt oder meldet sich beim beworbenen Partner an, so gibt CaptchaAd.de einen Teil der dafür erhaltenen Provision direkt an den Webmaster weiter der das CaptchaAd einsetzt.

Für Sales reicht CaptchaAd.de bis zu 10% der Provision an den Webmaster weiter, bei Leads (Neukundenanmeldung) sind es mindestens 5 Euro wenn der Neukunde für 50 Euro einkauft. Ausgezahlt wird, nachdem der Webmaster im Vormonat mindestens 50 Euro Verdienst gesammelt hat.

Blogger finden das CaptchaAd als Wordpress-Plugin vor, für Webmaster anderer Systeme gibt es ein CaptchaAd PHP Modul.

Mein Fazit: CaptchaAd.de hat eine tolle Möglichkeit entwickelt um Spammern, insbesondere Spambots, eine lange Nase zu machen. Die Idee ein Video einzubinden ist klasse und von Bots wohl momentan noch nicht zu umgehen! Auch finde ich die Idee nicht schlecht Webmastern durch das Captcha eine Möglichkeit zu bieten ihren Webauftritt zu monetarisieren, sprich ein wenig Geld damit zu verdienen. Jedoch finde ich Provisionsweitergabe mit nur 10% ein wenig gering, vielleicht ist es durch Hosting dieser Ads jedoch nicht anders möglich da ich mir schon vorstellen kann das es ein recht Speicherintensives Projekt ist. Ebenso empfinde ich persönlich die Auszahlungsgrenze von 50 Euro als viel zu hoch angesetzt, für einen Hobbywebmaster ist sowas vermutlich nur nach jahrelangem Einsatz zu erreichen, denn trotz innovativer Idee halt ich ein CaptchaAd nicht unbedingt für einen Sales/Leads Generator.

Internationaler Paidmaildienst mit bezahlten Bonusaktionen

Mit **Moneten-Sichern.de**[157] habe ich vor ein paar Tagen einen ziemlich interessanten Paidmail-Dienst entdeckt den ich euch jetzt einmal vorstellen möchte. Im ersten Moment erinnert die Seite von ihrem Funktionsumfang her sehr stark an Branchenprimus Questler.de. Der User erhält regelmäßig Paidmails für die er 0,2 Cent Vergütung bekommt, sobald er den Link anklickt. In jeder Mail verbirgt sich ausserdem die Möglichkeit an einer Bonusaktion, wie z. B einem kostenlosen Gewinnspiel, teilzunehmen. Diese Teilnahmen erhöhen den Verdienst dann erheblich, gibt es doch für jede Teilnahme zwischen 10 Cent und 1 Euro abzustauben.

Die letzten 3 Mails enthielten z.B. insgesamt 10 Bonusaktionen mit einem Gesamtwert von 4,82 Euro. Auch Referralwerber kommen auf

---

[157]http://www.moneten-sichern.de/?z=&ref=14462&sub=Online-Cash.org

80

ihre Kosten. Es gibt 1 Refebene mit satten **15% Verdiensbeteili-gung**. Zudem gibt es für jeden aktiven User (teilnahme an zwei Aktionen, die vom Sponsor bestätigt wurden) zusätzlich **50 Cent** für on top.

Das wirkliche beeindruckende an **Moneten-Sichern.de** ist zum einen die Tatsache das der Dienst mehrsprachig und somit auf internationales Publikum ausgelegt ist. Neben einem deutschen Reflink gibt es also auch einen Reflink für englischsprachige User die dann auf die englischsprachige Unterseite weitergeleitet werden. Die Portale werden dabei nicht getrennt, ihr könnt also einen User aus NewYork, einen User aus London und einen User aus Hamburg werben. Alle 3 tauchen in eurer Refübersicht auf und ihr verdient an allen 3en.

Zum anderen finde ich es Spitze nochmal einen Paidmailer entdeckt zu haben der **kein Script von der Stange** verwendet sondern ein komplettes Unikat ist.

Ausgezahlt wird ab 15 Euro aufs Bankkonto und bereits ab 10 Euro per PayPal.

Moneten-Sichern.de kompakt zusammengefasst (von der Seite entführt)

- Risiko: 0% – Fairness 100%

- Hohe Vergütungen, für reines Lesen der Mail oder bei Teilnahme

- Auszahlung bereits ab 15, - € als Banküberweisung oder 10, - € bei Zahlung über Paypal

- Mitglied werden einfach und völlig risikolos

- Top-Angebote und aktuelle Schnäppchen per eMail, zudem Gewinnspiele, Kostenloses, Gutscheine

- Rentabler Nebenverdienst und clevere Bonusaktionen

- Freundschaftswerbung mit 15% Beteiligung am Verdienst

- Zuverlässige Auszahlung innerhalb kürzester Zeit

Mein Fazit: Auch wenn ich selbst noch keine Auszahlung erhalten habe würde ich hier sagen: Anmelden ist Pflicht! Der Funktions/Verdienstumfang ist klasse und auch die Idee sich an einen internationalen Paidmailer zu wagen ist super. Der Betreiber (Tobias Mahlberg, Trinity Media[158]) ist schon durch andere Projekte bekannt, in der Branche nicht unerfahren und gibt sich sehr transparent. Der Auftritt von **Moneten-Sichern.de** ist leider noch ziemlich puristisch, hier könnte ein schickes, einprägsames Layout her. Aber immerhin stört einen keine Fremdwerbung.

Für mich auf jeden Fall eine Alternative zu Questler.de

Ich würde mich wirklich sehr freuen euch als meine Referrals bei **Moneten-Sichern.de**[159] begrüßen zu dürfen.

Mailgold.de – Frisch gestarteter Paidmaildienst

Und noch ein Paidmailer werdet ihr wohl denken. Ja so ist es. Heute möchte ich euch den frisch gestarteten Dienst **Mailgold.de** kurz vorstellen.

Mailgold.de ist wenn man so will ein gewöhnlicher Paidmailer der auf dem bekannten Jagusch-Script basiert (hier v2.0). Ihr werdet, wie bei anderen Paidmailern auch, für das Lesen und Bestätigen von eMails bezahlt. Jede eMail hat dabei einen bestimmten Punktwert. Innerhalb eines Monats werden diese Punkte addiert und am Monatsende umgerechnet. Habt ihr also z. B 1000 Punkte gesammelt, und die Payrate weißt einem Punkt den Wert von 0,03 Euro zu, so habt ihr am Monatsende 30 Euro Guthaben auf eurem Konto. Das war jetzt natürlich nur ein Beispiel. Reell wird die Payrate vermutlich nicht ganz so stark ausfallen.

---

[158]http://www.trinity-media.de/
[159]http://www.moneten-sichern.de/?z=&ref=14462&sub=Online-Cash.org

Bei **Mailgold.de**[160] könnt ihr über stolze 11 Ebenen an euren Referrals mitverdienen. Die Verdienstbeteilung sieht für die einzelnen Ebenen dabei wie folgt aus:

- Ebene 1: 10 %
- Ebene 2: 5 %
- Ebene 3: 4 %
- Ebene 4: 3 %
- Ebene 5: 2 %
- Ebene 6: 1 %
- Ebene 7: 2 %
- Ebene 8: 3 %
- Ebene 9: 4 %
- Ebene 10: 5 %
- Ebene 11: 6 %

Neben Paidmails findet ihr auch Paidbanner und Paidlinks im Mitgliederbereich, durch die Ihr euren Verdienst noch etwas erhöhen könnt. Die Mitgliedschaft bei **Mailgold.de**[161] ist natürlich kostenlos. Ausgezahlt wird ab 5 Euro per PayPal oder Banküberweisung.

Mein Fazit: Sauberes auftreten und gutes Script. Das Layout spiegelt zwar nicht unbedingt den Namen wieder, aber dafür ist es sauber und ansprechend und nicht mit zuviel Werbung überladen. Das Script, ein Jagusch, ist in meinen Augen von allen Massen-Scripten noch das ansprechenste. Handmade fände ich persönlich natürlich besser. Der Betreiber Michael Mathes ist, soweit ich informiert bin, noch nicht negativ aufgefallen. Er betreibt auf Emailkoenig.de schon seit längerem einen Downlinemailer, ein Projekt das ich mir beizeiten auch einmal näher anschauen möchte.

---

[160]http://www.mailgold.de/?refid=144
[161]http://www.mailgold.de/?refid=144

Webele.de – ein vielversprechender neuer Mailer

Mit Webele.de ist vor wenigen Stunden ein weiterer neuer Paidmail-dienst gestartet der ganz interessant zu sein scheint. Den Betreiber kenne ich, zumindest Nicknamentlich, schon seit einigen Jahren als Referraljäger aus diversen Internetforen und würde ihn auf Anhieb als "durch Erfahrung qualifiziert" bezeichnen. Die Funktionen und der Aufbau von Webele.de wirken durchdacht und ansprechend. Webele.de verwendet ein Script von Ads-Media.de.

Hier erstmal ein paar zusammengesammelte Daten über Webele.de

Webele.de bietet

- Geld für Emails " Paidmails" " Questionmails" "Actionmails"
- Geld für Bannerklicks "Paidbanner"
- Geld für Aktionen
- Geld gewinnen im Klick4Win – jeder 25te Klick ein Gewinn.
- Monatliche Auslösung des Klick4Win-Jackpots
- Über 250 kostenlose Gewinnspiele
- Bonusaktionen und Bettellinks
- Günstiges Amazon Shopping
- Refrallyes, Klickrallyes
- Bettelrallyes, Bonusaktionen-Rallyes
- Paidmail-Rallyes, weitere Rallyes in Planung
- Hoch vergütetes Referral-Programm in 5 Ebenen 15 % – 10% – 5% – 3% – 2%
- Sonderbonus für geworbene Referrals 1ter Ebene 0,50 Euro
- Refback-System und Downlinerhaltung
- Refkauf und Refauktionen

- Vergütungen direkt in Euro!

- Zahlreiche Werbemöglichkeiten

- Auszahlungen in Euro, Primera!, Klammlose

- Guthaben in Werbung umwandeln

- Support Forum

Auzahlung wird in Euro vorgenommen
ab 10,00 €uro – per Bank Überweisung / EU Überweisung
ab 7,50 €uro per PayPal
ab 7,50 €uro per Moneybookers

Alternativ dazu gibt es auch die Möglichkeit in einer der beiden beliebtesten Internetwährungen auszuzahlen!
ab 3,00 €uro in Primera
ab 1,00 €uro in Klammlosen

Adsense Sharing als Verdienstmethode

Schon vor einigen Wochen bin ich durch meinen Beitrag zu Coverblog.de auf das Thema Adsense Sharing aufmerksam geworden und wollte immermal einen kleinen Beitrag dazu verfassen. Heute habe ich mir einfach mal die Zeit dazu genommen und ein wenig recherchiert. Adsense Sharing hat, wie man schon erahnen kann, etwas mit dem immer wieder heiß diskutierten Adsense Programm von Google zu tun.

Das Prinzip des Adsense Sharings
Das Grundprinzip des Adsense Sharings ist schnell erklärt. Ein Webseitenbetreiber blendet auf seiner Seite Werbeblocks von Google Adsense ein, Einnahmen die dadurch entstehen gehen zu 100% an ihn selbst, da hinter jeder Anzeige die selbe Publisher-ID steckt. Das Adsense Sharing (aufteilen) kommt zum Einsatz wenn auf einer Webseite die Publisher-IDs mehrerer Personen zum Einsatz kommen.

Nehmen wir als Beispiel mal einen Blog der von 2 verschiedenen Personen mit Beiträgen gefüllt wird. Nutzen diese beiden Personen, mit jeweils eigener Publisher-ID, Adsense-Sharing im Verhältnis 50:50, so wird bei 100 Einblendungen des Werbeblocks 50 mal die Publisher-ID von Person A hinterlegt und 50 mal die von Person B. Natürlich kann es vorkommen das Person A bei ihren 50 Werbeeinblendungen mehr Klicks bekommt als Person B, aber statistisch gesehen wird sich das auf lange Sicht gleichmäßig verteilen.

Viele Seiten und Dienste nutzen dieses Prinzip jetzt um ihre User dazu zu animieren die Seiten mit hochwertigem Content zu füllen. So zum Beispiel Artikelverzeichnisse und Social Bookmarking Dienste. Bietet ein Artikelverzeichniss dem angemeldeten User beispielsweise ein Adsense-Sharing von 80%, so wird bei jedem Artikel den er für das Portal verfasst die Adsense-Werbeeinblendung 80:20 geteilt. Bei einer Vielzahl von Teilnehmern wird so mancher Dienst gut von den 20% existieren können, und auch für fleißige Contentverfasser kann es eigentlich nicht negativ sein.

Ein weiterer Vorteil für die Portale ist es auch das Sie sich nie um Auszahlungen kümmern müssen, jedoch trotzdem mit einem "Wir bezahlen dich für..." Slogan werben können. Die Abrechnung und Auszahlung übernimmt ja freundlicherweise Google.

Für User die Adsense Sharing teilnehmen bietet sich der Vorteil, die Vorzüge und teilweise recht guten Verdienste durch Adsense auch ohne eigenen Internetauftritt nutzen zu können.

Die Grundlegende Voraussetzung zum Adsense Sharing
Um am Adsense Sharing teilzunehmen braucht es, wie erwähnt, nur die Publisher-ID. Dieser erhält man nach der Eröffnung eines kostenlosen Benutzerkontos bei **Google Adsense**[162].

Nach erfolgreicher Anmeldung loggt man sich ein, und schon findet man seine eigene Publisher-ID in der rechten, oberen Ecke des Adsense Kontrollzentrums. Die Publisher-ID schaut wie folgt aus: *pub-1234567891234567.*

---

[162]`https://www.google.com/adsense/login/de/`

Was kann man mit Adsense Sharing verdienen?

Ich muss euch ehrlich gestehen, ich habe selbst noch keine Angaben dazu, da ich mich selbst noch nicht intensiv damit befasst habe. Theoretisch ist für jemanden der Adsense Sharing sehr aktiv betreibt jedoch ein ansprechender Verdienst möglich. Summen, oder auch konkretere Schätzungen möchte ich hier aktuell nicht abgeben. Wer die nächstebeste Suchmaschine bemüht kann jedoch vereinzelte Berichte im Netz finden, nach denen mittlere bis hohe 2-stellige Beträge pro Monat durchaus möglich sind. Es kommt immer darauf an wo man Adsense Sharing einsetzt und wie aktiv man als Sharing Partner teilnimmt, und natürlich spielen auch Besucherzahlen (welche stark fluktuieren können) eine Rolle. Als Möglichkeit für einen kleinen Nebenverdienst kann man Adsense Sharing aber wohl durchaus empfehlen.

Wer bezüglich der eigenen Einnahmen durch Adsense Sharing genau informiert sein möchte, sollte das Tracking per URL-Channel im Adsense Account nutzen. Für jeden Anbieter der Adsense Sharing anbietet kann man eine eigene URL eintragen. Den Punkt dazu erreicht Ihr wie folgt: *AdSense-Setup -> Channels -> URL-Channels -> Neue URL-Channels hinzufügen>*

Die wichtigste Frage – wer bietet Adsense Sharing an?

Ein paar Dienste die ich recherchiert habe nenne ich euch im folgenden, es gibt jedoch mit 100%iger Sicherheit noch viele viele mehr. Wer einen kennt der hier noch fehlt darf ihn mir gerne nennen. In Klammern die prozentuale Userbeteiligung am Adsense Sharing.

Artikelverzeichnisse

- LimilLimil.de[163] (100%)
- Geek.de[164] (50%)
- Stucktogether.de[165] (75%)

Social Bookmarking

- Infopirat.com[166] (80%)
- Linkmerken.de[167] (70%)
- Scoop.at[168] (100%)

Bloghoster

- Coverblog.de[169] (70%)

AdShopping.com bietet Werbeplatzvermarktung

Hier möchte ich euch kurz das Portal AdShopping.com vorstellen. Auf der Seite findet ihr einen relativ großen Marktplatz für Online-Werbeflächen. Wer also schon immer einen Werbeplatz auf seiner Internetseite oder auf seinem Blog vermarkten wollte, der kann durchaus mal einen Blick auf AdShopping.com riskieren und ggf. sein Angebot dort einstellen.

Ebenso eignet sich der Marktplatz natürlich auch für Werbeplatz-Suchende. Unter den vielen Angeboten sind einige höchstinteressante Werbeflächen dabei, allerdings auch viele Werbeflächen auf

---

[163]http://www.limillimil.de/
[164]http://geek.de/
[165]http://www.stucktogether.de/
[166]http://infopirat.com/referral/696e7f20
[167]http://linkmerken.de/
[168]http://scoop.at/
[169]http://www.coverblog.de/

Subdomains und Seiten die ich persönlich eher als Schrott bezeichnen würde.

Wer als Publisher seine Werbeflächen anbietet kann das Format der gewünschten Grafik festlegen und einstellen ob der Werbeplatz für einen Tagesfestpreis (z.b. 30 Tage = 50 Euro) angeboten wird, oder ob Einblendungen (z.b. 1000 Einblendungen = 2 Euro) gebucht werden können. Zudem kann man seine Internetseite und die Werbefläche, inkl. Pageimpressions, beschreiben. Natürlich kann man auch mehrere Werbeflächen auf verschiedenen Webseiten einstellen.

Ich empfinde das als durchaus interessante Alternative zur herkömmlichen Vermarktung via Partnerprogramm oder Google Adsense da man bei Verkauf eine Festeinnahme hat und nicht bei jedem Besucher mitfiebern muss ob er möglicherweise eine Werbefläche mit der Maus erwischt. Ausserdem kann man bis zum Verkauf ja durchaus weiterhin die herkömmliche Werbung auf dem Werbeplatz laufen lassen.

Ein Manko das ich für Publisher mit kleineren Internetauftritten sehe ist die Gebühr die AdShopping.com für die erfolgreiche Vermittlung zwischen Publisher und Advertiser erhebt. Nach erfolgreicher Abwicklung der Transaktion behält AdShopping.com stolze 35% des generierten Umsatzes als Provision ein.

Fazit: Für Advertiser ein höchstinteressanter Marktplatz, vor allem da jeder Publisher ja auch ein möglicher Advertiser ist. Wer Werbeflächen anbieten möchte und mit den 35% Provision für den Betreiber gut leben kann wird hier wohl ebenfalls sein Glück finden. Auf jeden Fall auch eine interessante Alternative zum Werbeflächen-Handel auf eBay[170]. Und wen es interessiert, hier[171] habe ich noch ein Interview mit dem Geschäftsführer von AdShopping.com entdeckt, allerdings schon etwas älter (Juli 2007).

Hier gehts zu AdShopping.com[172]

---

[170]http://bee5.de/JF4S8
[171]http://upload-magazin.de/blog/494-neue-adsense-konkurrenten-1- ↵
    funf-fragen-zu-adshopping/
[172]http://www.adshopping.com/

Verwandte Artikel:

1. Direktvermarktung: OIO Publisher Plugin für Wordpress[173]

2. Professionelle Linkvermarktung mit Teliad[174]

3. Die Neue Werbeplattform BWADS24.com[175]

4. Affiliwelt.net bietet jetzt auch KurzURLs an[176]

Reich durch eBook-Strategien aber kein Geld für den Internetauftritt?

Nachdem sich gerade wieder einige vielsprechende Links dich ich verfolgt habe als Verkaufsseiten für eBooks entpuppt haben, stelle ich mir spontan folgende Frage: Wenn die Werbeversprechen auf den ganzen Seiten wahr sind, warum können sich dann 99% dieser Seiten kein ansprechendes Weblayout/Design leisten sondern werden einfach nur billig hingeklatscht? **Sind die eBook Verkäufer alle geizig?**

Die meisten eBook Seiten werben mit monatlichen Verdiensten die 300 Euro übersteigen, egal ob es sich um Bücher zum Thema Marketing, eBay, Adwords oder sonstwas handelt. Die meisten Verkäufer weisen auch klar darauf hin das ihre Methode auf jeden Fall funktioniert weil sie ja selbst schon soviel Geld damit verdienen. Hmm, da kriegen also dutzende Leute monatlich fürs nichtstun das Geld in den Ar... geblasen und sind nicht in der Lage ihren Webauftritt/ Verkaufsbereich professionell gestalten zu lassen? **Wie glaubwürdig!**

---

[173]http://www.online-cash.org/direktvermarktung-oio-publisher-plugin ↩
    -fur-wordpress/
[174]http://www.online-cash.org/professionelle-linkvermarktung-mit- ↩
    teliad/
[175]http://www.online-cash.org/die-neue-werbeplattform-bwads24-com/
[176]http://www.online-cash.org/affiliwelt-net-bietet-jetzt-auch- ↩
    kurzurls-an/

Garantiert hängt bei dem ein oder anderen ebook-Verkäufer mittlerweile die Existenz am Verkauf seines digitalen Buches, aber ich wünsche mir ganz ehrlich das die Bauernfänger Seiten endlich verschwinden und ich keine Werbeslogans über *"Reich werden im Internet"* und *"Hunderte Euro im Schlaf"* mehr lesen muss die mich anschließend zu einem kostenpflichtigen eBook führen. Bei den Versprechungen mancher Seiten fällt einem ja fast ein Ei aus der Hose, so unrealistisch erscheinen diese. Natürlich, es gibt auch seriöse eBooks welche man auch mit ein wenig Recherche findet. Die Chance bei der Recherche zuerst auf so einer Schrottseite zu landen ist jedoch ziemlich hoch.

Seriöse eBooks erkennt man in meinen Augen hauptsächlich daran das der Verkäufer auf der Verkaufsseite öffentlich sichtbare Kommentare bzw Kurzrezensionen erlaubt und sein Buch ordentlich vorstellt ohne das direkt undefinierbare Kontoauszüge sowie Bilder von Autos und Villen erscheinen. Ein tolles Beispiel wurde mir gerade vor wenigen Sekunden noch per Twitter als *"4-Stunden-Verdienst-Methode"* vor die Nase geklatscht. Kontoauszug mit weit über 1000 Euro drauf aber kein Geld für eigene Domain.

Es ist jedem selbst überlassen Geld für eBooks auszugeben, jedoch denkt immer daran dass man vermutlich sämtliche Infos zu einem Thema auch kostenlos selbst zusammensuchen kann, denn die Anzahl an Marketing Blogs steigt stetig.

Verwandte Artikel:

1. Reich werden im Internet – die Sprüche der Möchtegern-Paid4-Experten[177]

2. Linkbee.com – Geld verdienen mit Links[178]

3. Kostenloser Versand: Vergrault eBay kleine Verkäufer?[179]

---

[177]http://www.online-cash.org/reich-werden-im-internet-die-spruche- ↵
der-mochtegern-paid4-experten/
[178]http://www.online-cash.org/linkbee-geld-verdienen-mit-links/
[179]http://www.online-cash.org/kostenloser-versand-vergrault-ebay- ↵
kleine-verkaufer/

4. Den eigenen Blog in ein Magazin/eBook verwandeln[180]

5. Ciao.com – Geld kassieren für die eigene Meinung[181]

6. Brainfloor.com – Als Brainworker kreativ Geld verdienen[182]

Blogger als Buchautor – eine offline Einnahmequelle

Ein Blog und die Blogsphäre insgesamt dienen als Medium für Informations- und Meinungsaustausch und sind aus der Medienlandschaft nicht mehr weg zu denken. Viele Blogs wie die Blogger World[183] machen es möglich, dass sich Gleichgesinnte online verbinden, von einander lernen und eine Plattform für ihre Diskussionen haben.

Darüber hinaus gibt es aber auch einige Millionen Blogger, die ihren Blog als Tagebuch führen und von ihren Reisen, Babies, Kochabenteuern uvm. berichten. Viele dieser Blogs werden kaum mehr Leser haben, als ihre Autoren selbst und vielleicht deren Familie bzw. Freunde.

Jedoch unabhängig davon, um welche Art von Blog es geht oder wie viele Leser es gibt, habe ich einen genialen Service gefunden, welcher für jeden Blogger von Interesse ist. Hierbei handelt es sich um die

---

[180]http://www.online-cash.org/den-eigenen-blog-in-ein-magazinebook- ↩
    verwandeln/

[181]http://www.online-cash.org/ciaocom-geld-kassieren-fur-die-eigene- ↩
    meinung/

[182]http://www.online-cash.org/brainfloor-com-als-brainworker-kreativ ↩
    -geld-verdienen/

[183]http://blogger-world.de/

Feedfabrik[184], die einen Blog mit wenigen Mausclicks in ein analoges Buch oder ebook verwandelt. Bislang wird dies für alle blogger.com-gehosteten Blogs angeboten und bald können auch WordPress-Nutzer ihr Buch erstellen (auch selbst gehostete und natürlich auch alle meine Nutzer von bloghostr.de[185]). Die Preise starten bei unter 10 Euro und einer Mindestabnahme-Menge von eins. Für die einen ist so ein Buch eine schöne Art ihre Erinnerungen festzuhalten (vielleicht auch als Geschenk) und mit Freunden offline zu teilen.

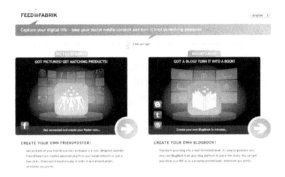

Für andere Blogger eröffnet es die Möglichkeit den eigenen Blog zu monetarisieren. Ja, ein Buch als Monetarisierungskanal! Das Buch kann den eigenen Blog-Lesern/Besuchern angeboten werden, aber auch anderen Interessierten in der Offline-Welt. Ich gehöre zu den ersten Bloggern, die die Feedfabrik in den Buchhandel bringt – mein Buch wird heißen „**Blogger eine schrecklich nette Familie**" und ist sogar auf der **Buchmesse Mitte Oktober in Frankfurt** zu bestaunen! Ich habe in diesem Buch zusammen mit Piet[186] von Online Cash[187]die besten Einträge zu allen Themen rund ums Bloggen – z.B. wie man Traffic generiet, welche Tools man kennen sollte, uvm. zusammen gefasst. Was denkt Ihr über den Blogger als Buchautoren?

---

[184]http://www.feedfabrik.com/bookfabrik
[185]http://bloghostr.de/
[186]http://www.netzpanorama.de/
[187]http://www.online-cash.org/

ProfiWIN Partnerprogramm: Lukrative Provision für Webmaster

Ein interessanter, alternativer Weg umd Geld mit der eigenen Internetseite zu verdienen ist Profiwin. Für alle die Profiwin noch nicht kennen, hier eine kurze Erklärung. Profiwin ist einer der ältesten Gewinnspiel-Eintragdienste auf dem Markt, quasi der Erfinder der automatischen Gewinnspiel-Eintragung. In Kombination mit einem eigenen Partnerprogramm gehört **Profiwin**[188] zu den größten Anbietern in dieser Branche und erfreut sich seit über 8 Jahren stetiger Beliebtheit bei Kunden und Affiliates.

Der Grund warum ich Profiwin hier vorstelle ist schnell erklärt. Der Anbieter ist mir in Bezug auf Provisionszahlungen als sehr zuverlässig bekannt. Und die Provisionen haben es in sich. Der Profiwin Partner erhält für jeden geworbenen Kunden eine **Provision in Höhe von 60 Euro** und mehr. Zudem handelt es sich dabei um eine **Lifetime-Provision** welche solange gilt wie der geworbene Kunde bei Profiwin angemeldet bleibt. Ausgezahlt wird monatlich ab einem Kontostand in Höhe von 20 Euro. Weitere Informationen gibt es direkt bei **Profiwin**[189]. Der Verdienst für Webmaster im DetailBei der direkten Vermittlung eines Kunden gibt es 50% Provision. Interessant ist allerdings die Möglichkeit weitere Webmaster anzuwerben und an den Verdiensten derer geworbenen Partner/Kunden mitzuverdienen. Dies sind nochmals bis zu 21% über 5 Ebenen. Hier die Details zu den einzelnen Ebenen.

- 50% direkte Provision

- 1. Ebene, indirekte Provision: 10%

- 2. Ebene, indirekte Provision: 5%

- 3. Ebene, indirekte Provision: 3%

- 4. Ebene, indirekte Provision: 2%

- 5. Ebene, indirekte Provision: 1%

---

[188]http://www.online-cash.org/go/profiwinpartner/
[189]http://www.online-cash.org/go/profiwinpartner/

Das Tracking erfolgt über ein Cookie welches 1 Jahr gültig ist. Dadurch geht im Normalfall keine Provision verloren wenn sich ein Kunde im ersten Moment nicht entscheiden kann und den Dienst erst später wieder ansurft. Was gibt es sonst noch zu berichten. Die Statistiken über Klicks, Abschlüsse, eigenen Verdienst, Partnerverdienst etc. werden innerhalb des Partneraccounts in Echtzeit angezeigt. So ist man immer direkt bestens informiert.

Zudem steht dem Profiwin Partner ein riesige Auswahl an verschieden Werbemitteln zur Verfügung. Dutzende Bannerformate, Textlinks, Bannerrotationen und sogar ganze HTML-Layouts sind vorhanden um direkt werbend durchzustarten.

Interesse bekommen? Jetzt kostenlos anmelden und Partner werden

Verwandte Artikel:

1. CaptchaAd.de – neue Werbeform für Webmaster[190]

2. Tixuma – Provision für Suchmaschinen Nutzer[191]

3. Mailgold.de – Frisch gestarteter Paidmaildienst[192]

4. Profitmails.de – Schnell und sicher Taschengeld verdienen[193]

5. MyLinkState.com – Geld verdienen und Links tauschen[194]

6. Webmaster und Blogger im Interview[195]

---

[190]http://www.online-cash.org/captchaad-de-neue-werbeform-fur- ↩
webmaster/
[191]http://www.online-cash.org/tixuma-provision-fur-suchmaschinen- ↩
nutzer/
[192]http://www.online-cash.org/mailgold-de-frisch-gestarteter- ↩
paidmaildienst/
[193]http://www.online-cash.org/profitmailsde-schnell-und-sicher- ↩
taschengeld-verdienen/
[194]http://www.online-cash.org/mylinkstatecom-geld-verdienen-und- ↩
links-tauschen/
[195]http://www.online-cash.org/webmaster-und-blogger-im-interview/

Usemax.de hilft die Homepage zu vermarkten

Neulich bin ich über den Anbieter **Usemax.de**[196] gestolpert, den ich euch heute vorstellen möchte. Nach der kostenlosen Anmeldung auf Usemax.de habt ihr die Möglichkeit Banner oder auch Layer Werbung auf eurer Homepage/Blog einzubauen.

Besonders die Bannerwerbung von Usemax.de ist interessant, da man hier sogar für Einblendungen bezahlt wird. Für 1000 Einblendungen bekommt ihr 1 Euro, damit liegt die Seite etwas über dem Durchschnitt anderer Anbieter die ich noch im Hinterkopf habe, bei denen gibt es meist 30-60 Cent. Ein tolles Angebote wie ich finde, müssen eure Besucher doch nun nicht auf die Banner klicken damit ihr etwas verdient.

Der Auftritt von Usemax.de de ist sehr schlicht, aber dafür auch sehr übersichtlich. Bannercodes sind schnell gefunden und können per Copy & Paste in den Quellcode eurer Homepage eingebaut werden. Aktuell stellt Usemax.de 3 verschiedene Bannergrößen zur Verfügung, 468×100 Pixel, 728×90 Pixel und 120×60 Pixel. Für die Werbeform des Layer Ads muss sich nach der Anmeldung noch einmal separat beworben werden, das dient vermutlich der Qualitätssicherung, ein guter Schritt. Wichtig ist es noch zu erwähnen das ihr vor dem Einbau von Werbemitteln zwingend die AGB des Anbieters lesen solltet damit ihr sicher gehen könnt das eure Seite auch als Werbeort geeignet ist bzw. ihr nicht unwissentlich gegen die Regeln verstoßt.

Übrigens, auch das werben neuer Mitglieder kann sich lohnen, erählt man doch lebenslang 5% vom Umsatz des Geworbenen als Provision. Auszahlungsberechtigt seid ihr, wenn ihr 20 Euro verdient habt. Die Auszahlung findet dann immer in den ersten zwei Wochen des folgenden Monats statt.

Jetzt **kostenlos bei Usemax.de anmelden** und die eigene Internetseite arbeiten lassen. Wer Layer-Ads.de schon begeistert nutzt wird hier eine tolle Alternative finden.

---

[196]`http://www.online-cash.org/go/usemax/`

Verwandte Artikel:

1. Das PopUp ist tot, es lebe der Layer![197]
2. Linkbee.com – Geld verdienen mit Links[198]
3. Geldmaschine eBay – Auktionsideen.de hilft![199]
4. Ciao.com – Geld kassieren für die eigene Meinung[200]
5. Referrals werben und eine Downline aufbauen[201]
6. Scour.com – die bezahlte Suchmaschine[202]

Professionelle Linkvermarktung mit Teliad

Eine Möglichkeit den eigenen Blog zu vermarkten sind Textlinks. Der Handel mit Textlinks erfreut sich in den letzten 2-3 Jahren stetig wachsender Beliebtheit. Reich wird man mit dem Verkauf von Textlinks zwar nicht unbedingt, aber ein paar Euro lassen sich damit dennoch verdienen. Besonders für größere Blogs ist diese Möglichkeit ganz interessant. Ein Linkplatz der pauschal für einen einen festen Zeitraum verkauft wird sorgt für einen stabilen Verdienst. Verkauft man z. B 5 Linkplätze a 10 Euro für einen Monat ergibt das sichere 50 Euro. Textlinks im Seitenbereich können für Blogger auch eine Alternative sein wenn sie Context-Werbung oder grafische Werbung ablehnen.

Ich möchte euch heute den Dienst **Teliad**[203] vorstellen, der sich als eine Art Textlink-Marktplatz präsentiert. Teliad ist zwar kein neuer Dienst mehr, aber dafür ein sehr etablierter. Nach der Anmeldung

---

[197]http://www.online-cash.org/das-popup-ist-tot-es-lebe-der-layer/
[198]http://www.online-cash.org/linkbee-geld-verdienen-mit-links/
[199]http://www.online-cash.org/geldmaschine-ebay-auktionsideende- ↩
hilft/
[200]http://www.online-cash.org/ciaocom-geld-kassieren-fur-die-eigene- ↩
meinung/
[201]http://www.online-cash.org/referrals-werben-und-eine-downline- ↩
aufbauen/
[202]http://www.online-cash.org/scourcom-die-bezahlte-suchmaschine/
[203]http://www.online-cash.org/go/teliad/

kann man dort Textlink-Plätze auf dem eigenen Blog zum Verkauf anbieten und auch selbst welche kaufen.

Für beide Varianten liefert Teliad eine ausführliche Anleitung und führt den User verständlichen Kommentaren ans Ziel. Wer sich eine Selbstvermarktung nicht zutraut ist deshalb vermutlich mit Teliad gut beraten, denn der Dienst übernimmt auch alles wichtige bezgl. des Zahlungsmanagements.. Allerdings behält Teliad für diesen Service auch Provisionen ein. Wer Textlinks über Teliad verkauft muss für jeden abgeschlossenen Vorgang einen Teil des Verdienstes abgeben. Aktuell staffelt sich die Provision von Teliad wie folgt: 4 – 6 €: 50 % Provision, 6 – 20 €: 30 % Provision, 20 – 50 €: 20 % Provision und ab 50 €: 10 % Provision.

Den Preis pro Link sowie den Platz wo er im Falle eines Verkaufs erscheint bestimmt der Blogger selbst. Teliad bietet unentschlossenen mit einem Preisrechner dabei praktische Hilfe an. Ausserdem kann man sich bei der Vielzahl an Angeboten auch an anderen Blogs orientieren.

Was kann man mit Teliad verdienen?

Bei der Preisgestaltung darf jeder grundsätzlich nach eigener Einschätzung handeln. Die untere Grenze für ein Teliad-Angebot liegt bei einem Betrag von 4 Euro pro Textlink. Ich würde jedoch empfehlen mit etwas mehr anzufangen, auch für kleinere Blogs. Nach unten gehen kann man bei ausbleibenden Angeboten immer noch. Im ersten Augenblick wirken Angebote unter 10 immer als würde da jemand auf Teufel komm raus seine Links verramschen wollen. Einfach mal schauen wie andere Seiten mit gleichem PR und ähnlichem Content ihre Preise gestaltet haben, daran kann man sich am besten orientieren. Aus Artikeln auf anderen Blogs weiß ich mittlerweile das es bis zu 2 Monate dauern kann bis man ein Angebot bekommt. Wenn einem ein Angebot nicht zusagt kann man es übrigens auch ganz ohne Konsequenzen ablehnen, man behält also wirklich die Kontrolle über die Inhalte des eigenen Blogs.

Ich nutze Teliad selbst seit ein paar Tagen und warte aktuell auch noch auf ein Angebot. Nachdem ich aber mehrfach dort umgesehen habe kann ich den Marktplatz bedenkenlos empfehlen. Teliad ist wie erwähnt wirklich ein etablierter Service mit einer Menge an Angeboten für Käufer und Verkäufer.

Verwandte Artikel:

1. Geld verdienen mit Chitika Mini-Shops?[204]

2. ProfiWIN Partnerprogramm: Lukrative Provision für Webmaster[205]

3. AdShopping.com bietet Werbeplatzvermarktung[206]

Das Partnerprogram Netzwerk SuperClix

Heute mal ein Artikel der sich schon etwas länger auf meiner ToDo-Liste befindet. Ich möchte Euch das **Partnerprogramm-Netzwerk SuperClix**[207] vorstellen. Unter anderem weil ich mich selbst in der letzten Zeit wieder häufiger mit SuperClix beschäftige. Viele werden den Dienst bestimmt schon kennen oder zumindest den Namen gehört haben. Aber mal schauen, vielleicht kann ich ja trotzdem noch etwas Interessantes erzählen.

Was ist SuperClix überhaupt? SuperClix ist ein Partnerprogramm-Netzwerk das Werbetreibende und Webmaster auf einer Plattform zusammen bringt. Diese Plattform besteht bereits seit dem Jahr 2000 und erfreut sich stetiger Beliebtheit. Aktuell sind über 700 Partnerprogramme von Werbetreibenden gelistet mit denen Webmaster, also auch Blogger, ein wenig Geld verdienen können. Bei den Partnerprogrammen findet sich eine ansprechende Vielfalt aus bekannten Namen und kleineren Nischen-Anbietern. SuperClix ist im Vergleich zu anderen Partnerprogramm-Netzwerken ein sehr anfängerfreundlicher Dienst. Der Vorteil ist, dass jeder sofort mitmachen kann und nicht extra Werbeflächen angelegt

---

[204]http://www.online-cash.org/geld-verdienen-mit-chitika-mini-shops/
[205]http://www.online-cash.org/profiwin-partnerprogramm-lukrative- ↩
provision-fur-webmaster/
[206]http://www.online-cash.org/adshopping-com-bietet- ↩
werbeplatzvermarktung/
[207]http://www.online-cash.org/go/superclix/

werden müssen. Dem SuperClix Neuling stehen sofort nach der Anmeldung die allermeisten Partnerprogramme zur Verfügung. Nur einige weniger Partner erfordern eine zusätzliche Bewerbung.

Der Neuankömmling findet diese übersichtlich nach Kategorien geordnet. Zusätzlich steht eine Partnerprogramm Suchmaschine zur Verfügung. Für Webmaster über 18 Jahre stehen auch erotische Partnerprogramme zur Verfügung. Fast alle Partner von Superclix stellen den Webmastern eine reichhaltige Auswahl an Werbemitteln zur Verfügung, darunter auch ungewöhnliche Varianten. Desweiteren bietet SuperClix ein eigenes Forum in dem man jedermann mit Rat und Tat zur Seite steht und einen Blog in dem sich laufend Berichte zu neu gestarteten Partnerprogrammen wiederfinden. Achja, auch die Statistiker werden gut bedient. Der Erfolg einzelner Partnerprogramme lässt sich sehr leicht und zeitnah nachvollziehen.

Wie kann ich mit den Partnerprogrammen Geld verdienen?
Zu jedem Partnerprogramm finden sich wie bereits angesprochen viele Werbemittel. Der einfachste Weg ist es diese Werbemittel via HTML-Code in die eigene Webseite oder auch in Blogartikel einzubinden. Themenbezug sollte allerdings gegeben sein. Auf einer Seite oder in einem Artikel über Süßwasser Aquarienfische haben die Werbemittel eines Onlinebanking Partnerprogramms wohl keine Aussicht auf Erfolg. Werbemittel eines Zooshops allerdings schon.

Jedes Partnerprogramm bietet unterschiedliche Provisionen und unterschiedliche Vergütungsmodelle an. Vergütungsmodelle sind zum Beispiel **Clicks, Leads und Sales**. Während sich Clicks noch selbst erklären und meist nur Provisionen im Centbereich bieten verstecken sich hinter Leads und Sales schon andere Kaliber. Ein Lead ist eine Anmeldung. Baut ihr zum Beispiel den Banner von einem Partnerprogramm einer Flirt-Community ein und jemand meldet sich über diesen Banner dort an, könnt ihr mit einer Provision im einstelligen Eurobereich rechnen. Es gibt jedoch auch Lead Programme mit wesentlich höheren Provisionen. Sales sind Verkäufe. Die Provisionen bei Sales richten sich meist prozentual nach dem Einkaufswert der Person die ihr auf den Shop verwiesen habt. Gebuchte Provisionen werden euch mit dem Vermerk (offen) angezeigt. Diese müssen

100

erst noch vom Partnerprogramm-Betreiber geprüft werden. Wenn alles bestätigt ist wird euch die Provision gutgeschrieben.

Die Auszahlung aller gesammelten Provisionen erfolgt einmal jeden Monat. Auch hier bekommt SuperClix nochmal einen Punkt für Anfängerfreundlichkeit von mir. Denn die Auszahlung erfolgt bereits ab 10 Euro weltweit per Überweisung (D, CH und EU), Paypal oder Scheck. Bei anderen Partnerprogramm-Netzwerken liegt die Auszahlungsgrenze meist ein bisschen höher.

Wer sich noch nie mit Partnerprogrammen und Affiliate Marketing befasst hat ist bei **SuperClix** gut aufgehoben um zu schnuppern und die ersten Gehversuche zu machen. Affiliate Marketers Krabbelstube sozusagen. Aber auch Webmaster die Erfahrung haben werden dort auf Grund des großen Angebots sehr gut bedient. *Lobhymne für SuperClix?* Ja, und dazu stehe ich auch.

Ich bin zwar auch noch bei anderen ausgezeichneten Partnerprogrammen angemeldet, aber SuperClix hat sich für mich im letzten halben Jahr als Favorit herauskristallisiert. Die Wege, dich ich beschrieben habe, um mit SuperClix ein paar Euro zu verdienen sind natürlich nur absolut simple Beispiele. Es gibt zum diesem Thema noch sehr viel zu erzählen, nicht umsonst behandeln mittlerweile so viele Webseiten und Blogs das Thema Affiliate Marketing im Internet.

Verwandte Artikel:

1. Affiliwelt.net bietet jetzt auch KurzURLs an[208]

2. ProfiWIN Partnerprogramm: Lukrative Provision für Webmaster[209]

3. CaptchaAd.de – neue Werbeform für Webmaster[210]

---

[208]http://www.online-cash.org/affiliwelt-net-bietet-jetzt-auch- ↩
kurzurls-an/
[209]http://www.online-cash.org/profiwin-partnerprogramm-lukrative- ↩
provision-fur-webmaster/
[210]http://www.online-cash.org/captchaad-de-neue-werbeform-fur- ↩
webmaster/

4. MyLinkState.com – Geld verdienen und Links tauschen[211]

5. Bee5.de – Beim einkaufen Geld sparen und verdienen[212]

Die Neue Werbeplattform BWADS24.com

Mit bwads24.com möchte ich euch heute ein junges Werbenetzwerk für Publisher und Advertiser vorstellen. **Bwads24.com**[213] wurde im vergangenen Dezember durch die **inside eBusiness Solutions GmbH**[214] gegründet um ihr Internetportal **beliebtesteWebseite.de**, welches eine beachtliche Reichweite von mehr als 14.000 Webseiten über 1 Million Besucher pro Tag hat, für Werbekunden zu öffnen.

Bwads24.com möchte sich durch gezieltes Longtail Onlinemarketing von den vielen anderen Werbenetzwerken unterscheiden die in den letzten Jahren im Internet entstanden sind und bei denen man Werbung schalten kann. Dafür bietet die zweite Seite beliebtesteWebsite.de[215] den Advertisern eine über zwei Jahre gewachsene Webmaster-Gemeinschaft an, deren Kategorisierung es ermöglicht potentielle Kunden auf ihren Lieblingsseiten in der entsprechenden Nische abzuholen.

Advertiser können bei Bwads24.com schon ab 25 Euro Ihre Werbung schalten und unter anderem sogar per PayPal bezahlen. Ebenso sind sofortüberweisung.de und Banküberweisung möglich. Im Vergleich mit den Mindesteinzahlungen und den Zahlungsmöglichkeiten bei anderen Werbenetzwerken auf jeden Fall ein dicker Pluspunkt der es jedem Webmaster ermöglicht Werbung zu buchen und erste Erfahrungen in als Advertiser zu sammeln. Fixpreise für Kampagnen, beispielsweise 3 Euro für 1000 Layer Einblendungen, sollen direkt

---

[211]http://www.online-cash.org/mylinkstatecom-geld-verdienen-und- ↩
    links-tauschen/
[212]http://www.online-cash.org/bee5de-beim-einkaufen-geld-sparen-und- ↩
    verdienen/
[213]http://www.bwads24.com/
[214]http://bwads24.com/company.html
[215]http://www.beliebtestewebseite.de/

Klarheit schaffen. Für Kampagnen die über bwads24.com gebucht werden stehen den Advertisern viele unterschiedliche Werbeformen zur Verfügung: Banner, Textlinks, Layer-Ads, Popup/Popdown und Pagepeel.

Nach der Anmeldung wird der Advertiser mit einer Schritt für Schritt Anleitung an die Erstellung der Werbekampagnen herangeführt. Nach erfolgreicher Schaltung kann die Kampagne jederzeit live verfolgt werden. Durch das Tracking von Views, Klicks, Klickrate, Referrer und ähnlichem ist eine hohe Transparenz gewährleistet. Natürlich kann man unerwünschte Publisher-Webseiten ganz einfach über eine Blacklist ausschliessen, gebuchte Kampagnen werden dann dort nicht mehr eingeblendet.

Natürlich richtet sich bwads24.com nicht nur an Advertiser, auch für Publisher ist ein Vergütungsprogramm vorhanden mit dem jeder Webmaster seine Webseite vermarkten kann um das Taschengeld aufzubessern. Zusätzlich zu der möglichen Vergütung die man erhält wenn man Werbeplätze für Kampagnen zur Verfügung stellt, ist es möglich weitere User (Referrals) für bwads24.com zu werben und an deren Umsätzen zu partizipieren. Ausgezahlt wird hier ab 25 Euro, eine Standard-Auszahlungsgrenze die sich auch bei anderen Anbietern findet und durchaus realistisch gehalten ist.

Wer das Werbenetzwerk testen möchte, sollte jedoch zwingend darauf achten nicht zu viele verschiedene Werbenetzwerke für die Vermarktung seiner Seite zu nutzen, denn nicht immer erlauben es die AGB der jeweiligen Werbenetzwerke dass ihre Anzeigen zusammen mit denen anderer Anbieter dargestellt werden.

Verwandte Artikel:

1. AdShopping.com bietet Werbeplatzvermarktung[216]

2. MyLinkState.com – Geld verdienen und Links tauschen[217]

---

[216] http://www.online-cash.org/adshopping-com-bietet- ↩
     werbeplatzvermarktung/
[217] http://www.online-cash.org/mylinkstatecom-geld-verdienen-und- ↩
     links-tauschen/

3. Geld verdienen mit Chitika Mini-Shops?[218]

---

www.ingramcontent.com/pod-product-compliance
Lightning Source LLC
LaVergne TN
LVHW022354060326
832902LV00022B/4432